엄마표
미술놀이
홈스쿨

엄마표 미술놀이 홈스쿨

1판 1쇄 펴낸날 2009년 12월 10일
1판 14쇄 펴낸날 2020년 3월 24일

지은이 박정아
펴낸이 정종호
펴낸곳 (주)청어람미디어

편집 박세희
본문일러스트 정몽룡
마케팅 황효선
제작·관리 정수진
인쇄·제본 천일문화사

등록 1998년 12월 8일 제22-1469호
주소 03908 서울 마포구 월드컵북로 375, 402호(상암동)
전화 02)3143-4006~8
팩스 02)3143-4003
이메일 chungaram@naver.com
블로그 chungarammedia.com

ⓒ 박정아, 2009

ISBN 978-89-92492-74-4 13370
잘못된 책은 서점에서 바꾸어 드립니다. 값은 뒤표지에 있습니다.

이 도서의 국립중앙도서관 출판시도서목록(CIP)은 e-CIP 홈페이지(http://www.nl.go.kr/ecip)에서
이용하실 수 있습니다.(CIP제어번호: CIP2009003773)

표현력 풍부한 아이로 키우는

엄마표 미술놀이 홈스쿨

박정아 지음

청어람미디어

차례

유아기의 미술놀이, 왜 중요할까요? 6
유아기 미술표현의 특징 10
다양한 미술놀이 방법 12
자주 사용하는 재료 14

1부 창의력 가득 미술놀이

스탬프 찍기로 달팽이 표현하기 20
지문 곤충 그리기 22
봄의 색을 찾아라 24
상상 동물 꾸미기 26
물고기 나뭇잎 콜라주 28
쿠킹호일 미술놀이 30
상상 그림을 담은 연 만들기 32
멸치 오브제 34
에어캡을 활용한 눈 오는 풍경 36
잠자리 가족 물풀 그림 38
점토판화 성탄카드 40
동물원 팝업책 42
하늘, 땅, 바다 모빌책 44
내가 그린 모나리자 46
과일 그림 표현하기 48
계란판 코스모스 50
넥타이와 양말의 변신 52
상상 속 외계인 만들기 54
물고기 자동차 56
휴지심 강아지 만들기 58

2부 오감 발달 미술놀이

과자로 꽃밭 그리기 62
내가 만든 종이 64
밀가루 반죽 엄마 그림 66
먹물불기 놀이 68
신기한 소금 그림 70
우유팩에 그린 사계절 72
내 친구 눈사람 74
사포 직조 그림 76
계란껍데기 콜라주 78
한지 구성 놀이 80
조물조물 점토 색칠놀이 82
맛있는 과일책 84
나의 몸책 86
달콤한 물엿 그림 88
부직포 점묘화 90
꼬마 북 만들기 92
야채 조형놀이 94
석고 손뜨기 96
우유팩으로 배 만들기 98
투명 물고기 만들기 100

3부 사고력 탄탄 미술놀이

도형 색종이로 새 꾸미기 104
딸기가 좋아 106
콕콕콕 호일접시 그림 108
아이스크림 막대 그림판 110
물고기 뱃속 탐험 112
동물 연상 스텐실 114
포장박스 그림 116

입체그림 그리기　118
반짝반짝 야광 그림　120
우리집 냉장고　122
먹고 싶은 한과 만들기　124
알록달록 피자책　126
사물 연상 도형책　128
몬드리안처럼 그려요　130
풍속화 다시 구성하기　132
나만의 어항 꾸미기　134
움직이는 곤충 만들기　136
성탄 리스 만들기　138
내가 만든 손목시계　140
상자 조형놀이　142

4부 표현력 쑥쑥 미술놀이

오징어 관찰 그림　146
마블링 그림　148
신기한 알콜 그림　150
고추잠자리 데칼코마니　152
내 이름 꾸미기　154
색칠하면 나타나는 비밀 그림　156
내 수영복이에요　158
조개껍데기 색칠놀이　160
단풍나무 만들기　162
크레파스 먹지로 그린 그림　164
겨울 풍경 만들기　166
재미있는 별자리책　168
관찰일기를 담은 꽃책　170
민화 속 물고기　172
전통 부채 만들기　174
삐뽀삐뽀 소방차 만들기　176

과일 모양 선글라스　178
옷걸이 나비 만들기　180
동물원 만들기　182
신비한 우주 꾸미기　184

5부 정서 발달 미술놀이

아빠 넥타이 염색　188
내 몸 그림　190
우리 가족 커플티　192
우산 꾸미기　194
아낌없이 주는 나무　196
립스틱 그림　198
식탁매트 꾸미기　200
투명한 스테인드글라스 그림　202
셀로판지 색깔놀이　204
산타의 선물 주머니　206
조물조물 내 얼굴 만들기　208
색으로 표현하는 감정책　210
지그재그 만국기책　212
자유롭게 물감 뿌리기　214
생각하는 사람 따라잡기　216
트로피 만들기　218
동물 가면 만들기　220
볼링 놀잇감 만들기　222
CD케이스로 만드는 가족 액자　224
팝업 성탄카드　226

학습자료 1　228
학습자료 2　229
연령별 미술놀이　231

유아기의 미술놀이, 왜 중요할까요?

미술이 유아에게 좋은 영향을 준다는 것은 누구나 알고 있습니다. 그러나 실제로는 미술보다는 글자 하나 더 가르치는 것을 중요하게 생각하는 부모들이 참 많습니다. 한글을 배우고 척척 읽어내게 되는 것과 달리 미술은 배운다고 해서 단번에 뚝딱 멋진 그림을 그려내지는 못하지요. 그래서일까요? 미술을 해도 과연 무엇이 좋아지고 있는지 눈에 보이지 않으니 많은 부모들이 미술교육을 가볍게 여기곤 합니다.

미술교육은 전공자만이 할 수 있다고 생각하고 접근하기를 꺼리는 경우가 있습니다. 또, 미술을 잘 그려야 한다는 기술적인 접근으로만 생각하는 경우도 있고요. 그러나 유아기의 미술교육은 표현기술의 향상을 목적으로 삼아서는 안 됩니다. 아이들은 미술을 통해서 오감을 이용하고 몸으로 체감하기 때문에 이러한 미술이야말로 가장 훌륭한 놀이이자, 교육이라고 할 수 있습니다. 4세에서 7세까지의 아이에게 미술놀이는 단순한 기능 습득에 그치는 것이 아니라 그리기, 꾸미기, 만들기를 통하여 아이들의 욕구를 만족시키고 지적, 신체적, 사회적, 정서적인 면에서 원만한 인격을 형성할 수 있습니다.

미술놀이는 지적, 신체적, 사회적, 정서적 발달을 도와줍니다

창작적인 미술활동은 두뇌 발달과 밀접한 관련이 있습니다. 여러 가지 재료를 사용하여 혼자 힘으로 그리고, 만들고, 꾸며보면서 아이의 상상력, 사고력, 추리력, 창의력이 발달하지요. 또, 이 시기 중요한 발달과업인 '손과 눈의 협응력'이나 '소근육 발달'에도 미술활동이 미치는 영향은 큽니다. 작은 크레파스 하나라도 유아에게는 쉬운 재료가 아닙니다. 아이가 손에 크레파스를 잡고 그림 그리는 모습을 유심히 보면 손만 움직이는 것이 아니라 온몸을 쓰고 있음을 알 수 있습니다. 다양한 재료를 다루면서 아이는 자신의 신체를 자유로이 조정하는 법을 배우게 되고, 소근육을 정교하게 발달시킵니다. 따라서 부모는 아이가 다룰 수 있는 재료인지 먼저 살펴보고, 재료를 사용하는 방법에 익숙해지도록 반복해서 알려주고, 아이가 재료를 탐색할 수 있는 시간을 충분히 주어야 합니다. 아이가 가위질이 서툴다고 해서 도와줄 요량으로 "엄마가 잘라줄게" 하면서 빼앗는 것은 아이가 가위질을 익힐 기회를 박탈하는 것이나 마찬가지입니다. 좀 서툴고 삐뚤빼뚤하더라도 참고 기다려주며 잘 자를 수 있도록 이끌어주는 안내자가 되어야 합니다.

미술활동은 사회성을 기르는 데도 중요한 역할을 합니다. 아이는 형제자매나 비슷한 또래의 친구들과 함께 작품을 만들면서 협동하는 법과 나누는 법을 배울 수 있습니다. 또, 나와 남이 다르다는 사실을 알게 되고 다른 사람의 의견과 생각을 존중하는 법을 배웁니다. 그러므로 이 시기 아이를 둔 부모는 다른 아이와 함께 미술놀이를 할 수 있는 기회를 마련해주어야 합니다.

또한 이 시기에 원만한 정서발달이 무척 중요한데, 미술활동은 이러한 정서와 밀접한 관련을 맺고 있습니다. 다양한 조형활동을 통해서 아이들은 만족감과 성취감, 자신감과 용기를 얻습니다. 비록 부모가 보기에 부족하다 느껴질지라도 아이는 스스로 만들었기 때문에 만족감을 갖고 뿌듯해 합니다. 아이가 만든 작품을 모두 보관하기는 어렵겠지만 부모가 아이들의 작품을 소중히 여기고, 칭찬해주는 모습을 통해 아이들의 자존감이 높아집니다.

유아기의 미술놀이는 미적 안목을 길러줍니다

우리가 입거나 먹는 일에서부터 물건을 사는 일까지 미술은 우리 생활 전반에 걸쳐 활용되고 있습니다. 생활 속에서 아름다움을 추구하는 것은 현대 사회에서 삶의 질을 결정하는 아주 중요한 요소가 되었습니다. 어릴 때부터 명화를 많이 접한 아이가 색에 대한 지각력이 뛰어났다는 연구 결과에서 보듯이, 미적 안목은 유아기부터 길러주는 것이 좋습니다. 가장 효과적인 방법으로는 미술감상을 꼽을 수 있습니다. 최근에는 어린이를 위한 감상지도서가 많이 나와 있는데, 미술감상을 어떻게 해야 할지 잘 모르겠다면 이런 책들을 활용하여 감상포인트를 잡아보는 것도 좋겠지요. 또, 미술관에서 운영하는 유아 미술교육 프로그램에도 참여해보세요.

많은 부모들이 아이의 미술교육에 부담을 느낍니다. 아이가 미술을 접하게 하고, 아이의 미적 안목을 길러주는 일은 전문가만이 할 수 있는 일은 아닙니다. 부모가 먼저 미술에 관심을 가지고 평소에 미술관을 방문하거나 미술품을 자주 보아 자신의 눈을 열어두는 것이 필요합니다. 그리고 나서 아이들과 동화책을 보듯이 그림에 누가 나오는지, 무슨 일이 있었는지 상상해보고, 왜 이렇게 표현했을지 이야기를 나누어보는 것이 바로 미술교육의 시작입니다. 이 책에서는 우리 주변에서 쉽게 구할 수 있는 재료를 이용하여 아이의 눈높이에 맞는 미술놀이 방법을 소개합니다. 이 책은 아이들이 흥미로워하는 주제나, 재미있는 표현방법이 돋보이는 작품들을 감상하고 아이들이 자유롭게 표현해볼 수 있는 활동들을 실었습니다. 또, 활동마다 놀이를 어떻게 시작해야 하는지, 놀이를 진행하면서 아이와 어떻게 소통해야 하는지 안내하고 있습니다.

'얼마나 잘 만들었는가'보다 '무엇을 느꼈는가'가 더 중요합니다

유아기 창작 활동의 가치는 얼마나 잘 만들었는가에 있는 것이 아니라 활동 과정에서 얻어지는 경험에 있습니다. 즉, 활동 과정에서 아이에게 어떤 일이 일어났는지가 가장 중요한 것이지요. 아이가 즐겁고 대담하고 자유롭게 다양한 재료를 사용해서 자기 생각과 느낌, 경험한 것을 표현할 수 있도록 환경과 기회를 만들어주세요.

이때 중요한 접근은 아이는 놀이를 통해서 큰다는 사실입니다. 유아기의 모든 활동은 놀이와 밀접한 관련이 있습니다. 미술 역시 색을 외우게 하거나 집요하게 무언가를 그려내도록 요구하는 것이 아니라 놀이 속에서 자연스럽게 표현해낼 수 있도록 이끌어주어야 합니다. 가령, 전지를 깔아놓고 발에 물감을 묻힌 후 아이의 손을 잡고 춤을 추면서 찍힌 발의 모양을 탐색하고 "와~ 엄마 발은 물고기 같아 보이는데 ○○ 발은 무엇 같을까?" 하면서 자연스럽게 대상의 특징을 찾아볼 수도 있겠지요. 이렇듯 엄마와 함께 여러 가지 미술놀이를 하면서 아이는 만족감과 성취감을 느끼고 자신 있고 자존감 높은 아이로 성장합니다.

미술놀이는 스스로를 숨김없이 활발하게 표현하도록 하는 것이 목표입니다. 아이가 성장하면서 자기 표현을 하는 자율성이 줄어드는데, 그 이유에 대하여 교육학자 러셀은 아이가 성숙하면서 자기 비판이 생기기 때문이라고 했습니다. 따라서 아이의 창조적 표현을 발전시키기 위해서도 유아기의 미술놀이가 중요합니다. 미술놀이를 하면서 아이는 자신의 감정을 표현하는 방법을 배우고, 자신의 경험을 정확히 인지하고 생각하는 힘을 기르며 문제 상황에서도 스스로 만족할 때까지 해내는 힘을 기를 수 있습니다.

유아기 미술표현의 특징

1) 4~5세

　4~5세는 무엇을 그릴지 생각하고 그릴 수 있는 시기입니다. 이 시기에는 아직 대상을 완전한 형태로 그리지는 못하고 상징적으로 특징만 표현할 수 있습니다. 예를 들면, 사람을 그릴 때도 얼굴만 그리다가 얼굴에서 팔과 다리가 나오고, 점차 몸이 나오는 형태로 발전하는 것이지요. 주변 사물 역시 상징적으로 표현합니다. 특히 사물은 아이가 가장 좋아하고 관심 있어하는 것들을 그리게 되지요. 어른 눈에는 자동차처럼 보이지 않는 것을 그려놓고 아이는 "아빠 차!"라고 말하곤 합니다. 또, 눈에 보이지 않는 것도 그릴 수 있게 됩니다. "엄마를 그려볼까?"라는 말을 듣고 엄마가 눈앞에 없어도 엄마를 떠올리며 그림을 그립니다. 이 시기는 언어가 발달하는 시기로, 아이는 무엇을 그릴지, 어떻게 생겼는지 언어로 먼저 표현하고 머릿속에 떠오르는 이미지를 그리게 됩니다. 그렇기 때문에 시각적으로 엄마를 관찰하지 않았더라도 언어에 의해 생각으로 떠올린 엄마의 이미지를 그리는 것이지요. 이처럼 마음속 이미지와 그림이 서로 관계 있음을 발견하는 것은 의미가 큽니다.

　이때 아이의 그림을 어른의 눈으로 보아서는 안 됩니다. 아이가 사람을 그릴 때 얼굴과 팔, 다리만 그렸다고 해서 사람에게 몸이 있다는 사실을 모르는 것은 아닙니다. 선 하나, 점 하나에도 상징적인 의미를 부여한 것이므로 아이의 사고방식을 존중하고 격려하며 스스로 자신의 표현을 발전시켜갈 수 있도록 해야 합니다. 따라서 이 시기의 엄마는 적절한 동기를 부여해가며 아이가 그리고 싶은 마음이 들게 만들어주는 것이 중요합니다. 무엇을 그리고 싶은지 떠올릴 수 있도록 아이의 경험과 느낌을 끌어내주세요. 또, 미술도구에 흥미를 보이게 되는 시기이므로 다양한 미술도구를 접할 기회를 주는 것도 좋습니다.

2) 6~7세

6~7세는 4~5세 때의 상징적 표현에서 더 나아가 자신만의 '도식'을 개발하려는 시기입니다. 도식이란 자신만의 그림 표현 방식을 뜻합니다. 이제 아이는 사람 말고도 기본 도형과 여러 가지 모양의 선들을 조합하여 동물, 집, 식물 등 다양한 표현을 하게 되지요. 집을 표현할 때는 사각형 안에 작은 사각형을 몇 개 그리고 삼각형으로 지붕을 그리는 식으로요.

6~7세는 상상력과 창의적인 표현이 더 발달하는 시기여서 독창적이고 재미있는 표현이 나타납니다. 예를 들어 모든 사물에 생명이 있다고 생각하여 꽃이나 해에 사람과 같이 눈, 코, 입을 그리는 것이지요. 또, 4~5세 때에 비해 공간개념이 발달해서 이제 땅이라는 기저선을 그리고 그 위에 사물을 올려놓는 그림을 그리는 특징을 갖게 됩니다.

그러나 사물을 자기가 그리기 편한 방식으로 그리고, 자신이 중요하다고 생각하는 것은 과장해서 표현하고 중요하지 않은 것은 생략하거나 축소하여 표현하는 등 어른이 보기에 여전히 이해되지 않는 그림을 그리는 시기입니다.

그리고 싶은 것을 잘 표현하지 못하면 아이는 그림 그리기를 두려워하기도 합니다. 그러므로 엄마는 미술놀이를 할 때 선이나 색, 형태와 같은 조형적인 관심보다는 아이의 생각과 느낌에 초점을 맞추어 아이가 자신감을 갖도록 격려해주고, 사고의 폭을 넓히고 대상을 구체화하는 기회로 접근해야 합니다.

다양한 미술놀이 방법

1. 콜라주
콜라주란 '풀로 붙이다'라는 뜻으로, 병뚜껑, 색종이, 잡지, 헝겊, 실, 곡식, 단추, 빨대 등 생활 주변에서 쉽게 구할 수 있는 여러 가지 재료들을 이용할 수 있습니다. 다양한 재료를 자유롭게 선택하여 붙이면서 입체적인 효과를 줍니다.

2. 번지기
젖은 도화지 위에 물감을 떨어뜨리거나 물감이 마르기 전에 물을 칠하면 자연스럽게 물감이 번지는 표현을 할 수 있습니다. 화선지나 휴지도 같은 효과를 얻을 수 있는데, 예상치 못한 우연한 효과를 얻기도 합니다.

3. 뿌리기
붓이나 나뭇가지에 물감을 묻혀 뿌리는 방법이 있습니다. 뿌리는 세기나 방향에 따라 여러 가지 모양이 생깁니다. 물에 적신 도화지 위에 뿌리면 번지면서 퍼지는 또 다른 효과를 줄 수 있습니다.

4. 반발성 기법
크레파스나 양초로 그림을 그리고 그림물감으로 채색하면 크레파스나 양초로 그린 부분에는 물감이 묻지 않고, 그림이 돋보이게 된답니다.

5. 스텐실
구멍이 뚫린 종이 안에 물감을 스며들게 하여 찍어내는 공판화를 말합니다. 스펀지에 물감 묻혀 찍기, 크레파스로 문지르기, 롤러로 밀기 등 다양한 방법이 있습니다.

6. 크레파스 녹이기
크레파스는 파라핀이 주성분이므로 불로 녹일 수 있습니다. 크레파스를 칼로 깎아서 도화지 위에 놓고 신문지를 덮은 다음 다리미로 눌러서 녹이거나, 양초에 녹여서 점 찍기, 사포에 그림을 그리고 종이를 얹어 다리미로 녹여 찍어내기 등 다양하게 활용할 수 있답니다.

7. 탈색 기법
흰색을 제외한 원래의 색을 탈색시켜 하얗게 만들어서 그림을 그리는 기법입니다. 색습자지, 색지, 셀로판지, 탈색 한지 등을 이용하여 탈색 그림을 그립니다.

8. 알콜 기법
물감으로 칠한 면이 마르기 전에 알콜을 묻힌 면봉을 찍으면 알콜이 휘발되면서 재미있는 효과가 나타납니다. 눈 오는 날의 풍경이나 바닷속 장면을 표현할 때 활용하면 효과적입니다.

9. 소금 기법
물감으로 칠한 면에 소금을 뿌리면 소금이 물감을 흡수하면서 독특한 무늬가 생깁니다. 물감이 너무 많거나 마르면 효과가 잘 나타나지 않으므로 물의 양을 잘 조절해야 합니다.

10. 데칼코마니
도화지를 반으로 접었다 펴고 한쪽 면에 물감을 짜고 반으로 접었다 펴면 좌우대칭의 무늬가 생깁니다. 물감에 따라 우드락, 비닐, 종이 등 다양한 재료에 활용할 수 있습니다.

자주 사용하는 재료

1. 크레파스
손쉽게 사용할 수 있는 크레파스는 가장 많이 사용하는 미술재료입니다. 혼색이 가능하며 종이, 나무, 천, 사포, 돌, 장판지 등에도 그릴 수 있습니다.

2. 수채화 물감
수채화 물감은 채색뿐만 아니라 흘리기, 번지기, 뿌리기 등의 표현을 할 때도 사용할 수 있는 쉽고 재미있는 재료입니다. 아이가 다루기 어려울 수 있으니 먼저 붓이나 팔레트의 사용법을 아이가 잘 익히도록 합니다.

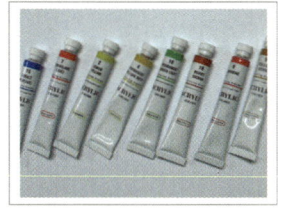

3. 아크릴 물감
아크릴 물감은 발색력이 뛰어나고 접착성이 있어서 수채화 물감으로는 칠하기 어려운 비닐, 플라스틱, 유리병, 우드락에 색칠할 수 있습니다. 또, 빨리 말라서 아이와 미술놀이를 하기에 좋은 재료랍니다.

4. 마블링 물감
물과 기름이 섞이지 않는 원리를 이용하여 만든 물감입니다. 물에 뜬 물감을 종이로 흡착시키는데, 찍을 때마다 전혀 다른 무늬가 찍혀서 재미있습니다.

5. 사인펜, 유성매직
사인펜은 선을 그리거나 세밀한 표현을 하기에 좋습니다. 유성매직은 비닐이나 OHP 필름, 플라스틱처럼 수성펜을 사용하기 어려운 재료에 사용합니다.

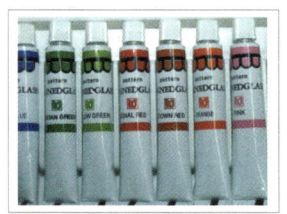

6. 스테인드글라스 물감
스테인드글라스 물감은 다른 물감과는 다르게 투명도가 높은 것이 특징입니다. 유리병이나 페트병처럼 투명한 재질에 그림을 그리면, 색이 투명하게 비치는 효과를 낼 수 있습니다.

7. 야광 물감
물감 자체가 야광성질을 띠고 있어서 채색한 다음에 어두운 곳에서 보면 빛이 납니다. 색의 종류는 많지 않으며, 사용한 다음에는 붓이 잘 닦이지 않는 단점이 있습니다.

8. 점토
점토는 만지는 대로 형태가 쉽게 바뀌므로 아이에게 만족감과 정서적 안정감을 주며 근육 발달을 도와줍니다. 종류가 다양한데, 가장 많이 쓰는 것으로는 흙점토, 지점토, 색점토 등이 있습니다.

9. 백업
원통형의 기다란 막대 형태로 색과 굵기가 다양합니다. 쉽게 구부러지고 부드러워 아이들도 쉽게 자를 수 있습니다. 또, 어슷하게 자르기, 동그랗게 자르기, 반원으로 자르기 등 자르는 방법에 따라 다양한 모양을 만들 수 있습니다.

10. 빵끈
색깔이 있는 철사로, 연필에 감으면 스프링 모양을 만들 수 있습니다. 나비의 더듬이, 로봇의 팔, 우주선의 안테나 등 다양한 표현에 활용됩니다.

11. 우드락
우드락은 스티로폼보다 강도가 훨씬 높습니다. 두께와 색이 다양하며 벽돌 무늬가 있는 우드락, 접착면이 있는 우드락, 코르크 우드락 등 다양한 종류의 우드락이 있습니다.

12. 반짝이 가루
고운 펄로, 원하는 부분에 뿌려서 화려한 느낌을 주는 데 쓰입니다. 단, 가루이므로 아크릴 물감이나 핸디코트 등 접착성이 있는 재료에 사용해야 합니다.

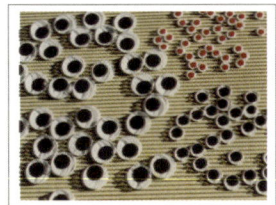

13. 인형눈
움직이는 완구눈으로, 크기가 다양합니다. 인형눈을 붙이면 실제 눈이 움직이는 것과 같은 효과를 줄 수 있습니다. 검은 눈동자뿐 아니라 빨간 눈동자도 있으며 동그란 눈, 길쭉한 눈, 눈썹이 그려져 있는 눈 등 종류가 다양합니다.

14. 시트지
보통 창문에 붙여서 장식하는 용도로 많이 사용합니다. 색이 다양한데 홀로그램 시트지는 빛에 따라 색이 달라져서 '우주'와 같은 주제를 다룰 때 신비감을 줄 수 있습니다. 한쪽 면이 접착면으로 되어 있어 바로 붙이기 편리합니다.

15. 모루
철사에 부드러운 털이 달린 재료입니다. 잘 굽어지고 휘어져서 모든 형태를 자유자재로 표현할 수 있습니다. 굵은 모루, 가는 모루, 꽈배기 모루, 반짝이 모루, 뽀글이 모루 등 종류가 다양합니다.

16. 색볼(뽕뽕이)
동그란 솜방울로, 색과 크기가 다양합니다. 큰 색볼은 얼굴을 표현하기 좋고 작은 색볼은 장식할 때 사용하면 좋습니다.

17. 스팡클
반짝이는 재질로 화려한 장식을 할 수 있습니다. 색과 모양이 다양하고 스팡클에 작은 구멍이 뚫려 있어서 가는 철사나 낚싯줄을 끼워서 매달 수도 있습니다.

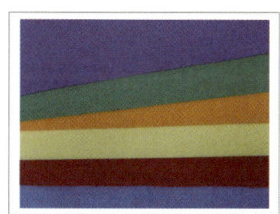
18. 부직포, 펠트
둘 다 부드러운 천으로, 부직포는 조금 단단하고 두꺼우며 펠트는 얇고 부드럽습니다. 부직포나 펠트를 원하는 모양으로 오려서 구성할 수 있습니다.

19. 자연재료
나무를 여러 가지 모양으로 잘라놓거나 다양한 종류의 조개껍데기, 소라 등을 서로 구성하여 목걸이나 액자 등을 꾸밀 때 사용할 수 있습니다.

1

창의력 가득 미술놀이

유아기는 상상력이 풍부해지고 자연과 주변 사물에 대한 호기심과 심미감이 발달하는 시기입니다. 미술놀이를 하면서 이루어지는 탐색과 표현은 아이의 마음속에서 떠오르는 생각과 느낌을 자발적으로 표현하게 하고, 다양한 표상활동을 통해 창의성도 길러줍니다. 또, 미술놀이는 환경에서 대상의 특징을 읽어내고 이해하게 하며 대상을 분석하고 종합적으로 느끼게 하는 활동입니다. 이 과정을 통해 아이는 독창성, 유연성, 감수성, 정교성 등을 기를 수 있습니다.

스탬프 찍기로 달팽이 표현하기

비 오는 여름날 풀 속에서 느릿느릿 기어가는 달팽이를 본 적이 있나요? 아이들에게 자연은 살아 있는 교실입니다. 달팽이 표현하기 놀이를 통해 아이는 다양한 자연물에 관심을 가지게 되고, 주변 사물을 보고 비슷한 모양을 찾는 놀이를 통해 형태감도 익히게 됩니다. 또, 이 놀이는 스탬프 찍기를 이용하여 쉽게 표현할 수 있어 표현력이 부족한 아이에게 자신감을 심어줍니다.

놀이를 시작하기 전에

달팽이를 직접 보아도 좋고 달팽이 사진을 보여주어도 좋습니다. 내가 달팽이라면 어떻게 움직일지 달팽이의 모습을 몸으로 표현해보자고 합니다. 엄마가 먼저 "느릿느릿" 소리를 내면서 천천히 기어가는 모습을 보여주세요. "달팽이와 비슷한 모양을 찾아볼까?" 하고 몇 가지 물건을 놓고 찾아보게 해도 좋습니다. 사전놀이를 끝냈으면 달팽이 찍기 놀이를 해보자고 제안합니다.

시작해보기

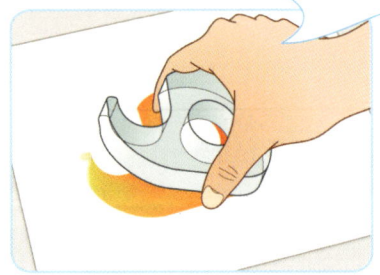

1 먼저 투명테이프케이스에 물감을 묻혀서 도화지 위에 찍습니다.

2 크레파스로 간단하게 달팽이의 눈을 그려넣고 몸도 꾸며줍니다.

3 도화지 위에 여러 색의 달팽이를 만들고, 비가 오는 풍경을 크레파스나 물감으로 표현해봅니다.

준비물 투명테이프케이스, 물감, 붓, 팔레트, 크레파스, 도화지, 물티슈

엄마 달팽이, 아빠 달팽이, 아기 달팽이, 이모 달팽이. 달팽이마다 이름을 지어주세요. 또, 아이가 상상한 것을 자유롭게 이야기하는 시간을 가져 보세요.

응용해 보아요!

- 물감 찍기 놀이가 끝나면, 케이스를 유성매직으로 색칠하여 꾸미고 인형눈을 붙여서 달팽이를 만들어보세요. 완성한 달팽이는 낚싯줄을 달아서 매달면 재미있는 달팽이 모빌이 된답니다.

요령 상자

- 투명테이프케이스에 색을 칠할 때는 물감을 진하게 타서 붓으로 칠하거나 일반 스탬프 잉크를 사용해도 좋습니다.
- 색을 바꿀 때는 물티슈로 깨끗이 케이스를 닦은 후 다른 색을 묻히도록 합니다.

지문 곤충 그리기

아이들은 스탬프 찍기를 좋아합니다. 그림이 쉽게 표현되고, 같은 그림이 반복되기 때문입니다. 우리 인체도 훌륭한 미술도구입니다. 아이들은 지문 찍기를 통해서 감각을 자극하고, 찍혀져 나온 나만의 흔적을 보고 매우 즐거워합니다. 지문 찍기 놀이는 찍힌 모양을 보고 다양한 사물을 연상하여 표현하므로 상상력을 키우는 데도 도움이 됩니다.

놀이를 시작하기 전에

아이와 앉아서 손가락의 이름을 말해보세요. 아이가 손가락 이름을 이해했으면 손가락 찍기 놀이를 하자고 말합니다. 엄마가 손가락 이름을 말하면 아이가 그 손가락 끝에 스탬프잉크를 묻히고 도화지 위에 지문을 찍어보는 거예요. 엄마랑 아이랑 번갈아 해보아도 좋습니다. 하나만 찍거나 서로 연결해 찍으면서 무엇이 연상되는지 이야기해보세요. 사전놀이를 끝내고 지문 찍기로 구체적인 표현을 해봅니다.

시작해보기

1 도화지에 크레파스와 사인펜으로 땅속을 그립니다.

2 땅속 부분에 지문을 3개 연결해 찍어 개미를 만들고, 사인펜으로 개미 다리를 그립니다.

3 땅 위에 지문을 3개 연결해 찍어 나비를 만들고, 사인펜으로 날개와 더듬이를 그립니다.

| 준비물 | 스탬프잉크, 사인펜, 크레파스, 도화지, 물티슈 |

크레파스로 나머지 배경을 그려보고, 어떤 장면인지 이야기를 나누어 보세요.

📖 응용해 보아요!

- 엄마, 아빠, 아이가 각각 지문을 찍은 후 연상되는 다양한 사물을 표현해보고 그 이미지를 가지고 재미있는 동화를 만들어보세요. 처음에는 지문 한 개로 표현해보고 지문 두 개, 세 개 등을 서로 구성하여 찍어서 표현해보세요.

요령 상자

- 스탬프는 진한 색으로 찍어야 지문이 잘 나타납니다.
- 색을 바꿀 때는 손가락을 물티슈로 닦은 후 다른 색을 묻혀 찍습니다.
- 더 많은 지문 그림 그리기 방법을 알고 싶다면 『손도장으로 그리는 세상』(1999)을 참고하세요.

봄의 색을 찾아라

자신의 느낌을 색으로 표현하는 일은 자신의 감정을 효과적으로 전달할 수 있을 뿐만 아니라 색에 대한 감각도 키울 수 있습니다. 물감 번지기 기법을 통해 신비로움을 느껴보고 표현된 색에서 봄이 주는 따뜻함과 꽃이 피어나는 아름다움을 감상해봅니다.

놀이를 시작하기 전에

봄과 관련된 음악을 들려주고 겨울과 봄이 어떻게 다른지 아이와 이야기해봅니다. 예를 들어, 봄이 오면 날씨가 따뜻해지고 나비가 날아다니고 꽃이 피는 것 등에 관한 이야기를 할 수 있겠지요. 이제 물감의 색을 잘 살펴보고 봄에 어울리는 색을 아이가 골라보게 합니다. 아이가 잘 선택하지 못하면 꽃이나 나비 등 봄과 관련한 단어로 힌트를 주세요. 아이가 선택한 물감으로 물감물을 만들어줍니다.

시작해보기

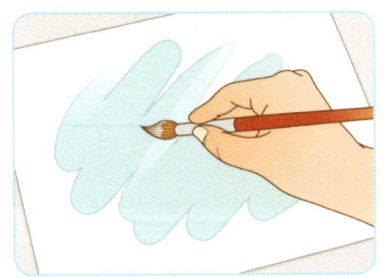

1 도화지에 물을 흠뻑 적시거나 붓으로 물을 칠합니다.

2 물기가 마르기 전에 물감이 묻은 붓을 다른 붓에 대고 두들겨서 물감이 도화지 위에 떨어져 번지게 합니다. 다른 색 물감도 떨어뜨리며 색의 변화를 관찰합니다.

3 물감이 마르면 크레파스나 사인펜으로 나비나 꽃 등 봄과 관련된 것들을 그려넣습니다.

준비물 수채화 물감물, 굵은 붓, 사인펜이나 크레파스, 도화지

크레파스로 나머지 배경을 그려보고, 어떤 장면인지 이야기해보세요.

▶ 물들인 종이타월로 만든 나비

응용해 보아요!

- 종이타월에 분무기로 물을 살짝 뿌리고 물감을 떨어뜨려 번지게 한 다음 완전히 말려서 가운데를 봉투집게나 모로 묶어주면 나비가 됩니다. 나비 모빌로 활용해보세요.

요령 상자

- 똑같은 색이라도 저마다 느낌이 다를 수 있으므로 봄에 어울리는 색을 고를 때 아이의 선택을 존중해줍니다.
- 봄과 관련한 사진을 보여주거나 동화를 들려주면 아이가 색을 고를 때 도움이 됩니다.
- 물감물은 물감을 물에 약간 진하게 타서 만듭니다.
- 너무 많은 색을 쓰면 탁해지므로 물감은 두세 가지 정도만 사용합니다.

상상 동물 꾸미기

용이나 유니콘 같은 동물은 세상에 존재하지 않는 상상 속의 동물입니다. 이처럼 사물을 다른 시각에서 본다면 새로운 것을 만들어낼 수 있습니다. 동물의 특징을 알아보고 그 동물의 장점만을 모아 새로운 상상의 동물을 만들어보는 놀이를 통해 아이는 상상력과 유창성을 키울 수 있습니다.

놀이를 시작하기 전에

아이가 친숙하게 생각하는 동물들의 사진을 준비하여 각 동물의 이름과 특징을 알아봅니다. 그런 다음 엄마가 "느릿느릿 걸어가는 거북이가 빨리 달릴 수 있다면?", "토끼가 하늘을 날 수 있다면?" 하고 말하면서 아이의 상상을 유도합니다. 빨리 달리는 거북이를 만들어보자고 제안해보세요. 거북이가 빨리 달리려면 무엇이 필요할지 생각해보고, 또 어떤 동물이 빨리 달리는지 이야기해봅니다.

시작해보기

다리 부분은 남겨놓습니다.

1 거북이 얼굴과 몸체 사진을 오려서 도화지 위에 풀로 붙입니다.

2 타조나 치타같이 빨리 달리는 동물의 다리 사진을 오려서 거북이 몸체에 붙여 새로운 동물을 만듭니다.

| 준비물 | 동물 사진, 가위, 풀, 크레파스, 도화지 |

완성한 거북이에게 새로운 이름을 지어주고 어떤 동물인지 소개해보세요.

 응용해 보아요!

- 동물 사진의 일부분을 가리고 어떤 동물인지 알아맞히기 놀이를 해보세요.
- 동물 사진의 일부분을 잘라버리고 없는 것을 그려넣어 봅니다. 예를 들어, 토끼 사진에서 귀 부분을 자르고 도화지에 붙여 어떤 동물인지, 무엇이 없는지 생각하여 귀를 그려 넣게 합니다.

요령 상자

- 이 놀이는 하늘, 땅, 바다 등에 사는 동물 중 어떤 동물이라도 가능하며, 너무 많은 동물을 제시하기보다 특징이 서로 다른 동물 몇 가지를 준비하여 제시합니다.
- 적당한 사진이 없으면 일부는 사진을 오려붙이고 없는 부분은 크레파스로 그려넣어도 됩니다.

물고기 나뭇잎 콜라주

미술 표현에서 사물의 형태감을 익히는 것은 매우 중요합니다. 아이들은 동그라미부터 시작하여 네모, 세모 등 간단한 도형의 모양부터 익힙니다. 모양이 단순하면서도 다양한 표현이 가능한 나뭇잎을 이용하여 주변의 여러 사물을 표현하면서 아이들은 형태감을 익힐 수 있습니다.

놀이를 시작하기 전에

야외에 나가서 여러 가지 크기와 모양의 나뭇잎을 모아봅니다. 모아온 나뭇잎은 한 번 닦아주세요. 엄마가 옆에서 도와주면서 아이가 나뭇잎을 비슷한 크기별로 분류해보게 합니다. 준비된 나뭇잎으로 물고기를 만들어보자고 제안합니다.

시작해보기

1 나뭇잎 위에 인형눈을 올려놓습니다.

2 큰 나뭇잎으로 몸체를 만들고 작은 나뭇잎으로 입이나 지느러미를 만듭니다. 긴 나뭇잎은 꼬리를 표현합니다.

| 준비물 | 다양한 크기와 모양의 나뭇잎, 인형눈, 스팡클 등 장식재료, 도화지 |

마음에 드는 작품은 풀로 붙여서 나뭇잎을 고정합니다. 작품을 사진으로 남겨보세요.

 나뭇잎으로 만든 오징어

응용해 보아요!

- 한 가지 나뭇잎으로도 다양한 표현이 가능합니다. 나뭇잎을 도화지 위에 붙이고 연상되는 것을 크레파스로 덧그려 주제를 표현하고 배경에는 관련된 것을 그려넣어 봅니다.
- 나뭇잎의 잎맥 부분에 물감을 묻혀 찍으면 색색의 나뭇잎을 만들 수 있어요.

요령 상자

- 아이들은 물고기를 만들면서 지느러미보다는 사람과 같이 팔이나 다리를 만들기도 합니다. 이것은 유아기의 특징이므로 처음에는 격려해주고 점차 물고기의 팔, 다리를 지느러미라고 한다고 알려주세요.
- 꽃, 동물, 간단한 사물 등 아이가 관심 있는 주제를 중심으로, 너무 자세한 표현보다는 특징을 나타낼 수 있도록 이끌어줍니다.
- 나뭇잎 그림을 오랫동안 보관하려면 말린 나뭇잎을 사용하세요.

쿠킹호일 미술놀이

 4세 이상

쿠킹호일은 잘 구겨지기도 하고 금속성 재질이어서 독특한 효과를 낼 수 있습니다. 종이가 아닌 쿠킹호일 위에 색습자지를 붙여서 색다른 느낌을 만들어봅니다. 색습자지를 자유롭게 찢고 붙이는 놀이는 소근육 발달을 도와주고 눈과 손의 협응력을 길러줍니다.

놀이를 시작하기 전에

쿠킹호일을 만져보고 구겨도 보면서 무슨 소리가 나는지, 종이와 어떻게 다른지 느껴봅니다. 색습자지로는 비를 만들어보자고 제안하고, 색습자지를 천천히 찢어보고, 빨리 찢어보면서 각각 어떤 소리가 나는지 탐색합니다. 소리 탐색이 끝나면 찢어놓은 색습자지를 가지고 쿠킹호일 위에 붙이기 놀이를 하자고 제안합니다.

시작해보기

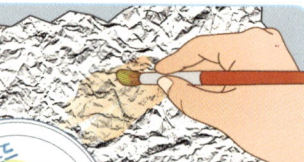

1 오공본드는 물을 섞어서 우유처럼 만들어놓습니다. 쿠킹호일을 살짝 구겼다 펴고 오공본드를 얇게 바릅니다.

2 쿠킹호일 위에 찢어놓은 색습자지를 붙입니다. 서로 겹쳐 붙여도 되고 더 짧게 잘라 붙여도 됩니다.

스팡클을 얹어서 장식해도 예쁘겠죠.

3 색습자지를 다 붙이면 전체를 한 번 더 오공본드로 얇게 칠해줍니다. 여기에 반짝이 가루를 살짝 뿌려주면 반짝반짝해서 더 좋아요. 이제 완전히 말립니다.

| 준비물 | 쿠킹호일, 여러 색의 색습자지, 굵은 붓, 오공본드, 반짝이 가루, 스팡클 약간 |

쿠킹호일의 4면을 약간씩 접어서 액자처럼 만듭니다. 그리고 색이 주는 아름다움을 감상해보세요.

➡ 쿠킹호일로 만든 연필꽂이와 크리스마스 트리

 응용해 보아요!

- 완전히 말린 쿠킹호일을 다양한 모양으로 잘라 콜라주 그림을 표현해보아도 좋습니다.
- 완성한 쿠킹호일 작품을 캔에 싸서 붙이면 멋진 연필꽂이가 됩니다.

요령 상자

- 색습자지는 결이 있어서 반대 방향으로 찢으면 잘 찢어지지 않습니다. 미리 결을 확인하여 아이가 결 방향으로 찢을 수 있게 합니다.
- 색습자지를 너무 잘게 찢으면 붙이기 어려우므로 주의합니다.
- 오공본드는 엄마가 발라줍니다. 너무 흥건히 바르지 않도록 합니다.

상상 그림을 담은 연 만들기

하늘을 나는 연만큼 아이의 상상력을 자극하기에 적합한 것도 없지요. 이번 놀이는 우리나라 전통 연인 방패연을 직접 만들어보면서 전통 연의 특징에 대해 알아보고, 연을 타고 하늘을 나는 상상을 방패연에 마음껏 표현해보는 시간입니다. 상상 그림을 담은 연 만들기 놀이를 통해 아이는 상상력과 표현력을 기를 수 있답니다.

놀이를 시작하기 전에

연이 무엇인지 설명해주고, 그림책이나 사진으로 연 날리는 모습을 보여주면서 연의 특징을 알아봅니다. 아이에게 다음과 같이 말하면서 연 만들기를 제안합니다. "만약 연을 타고 하늘을 날아간다면 기분이 어떨까?", "하늘에서 내려다보면 무엇이 보일까?" 등의 질문을 통해 아이의 상상력을 자극해주세요.

시작해보기

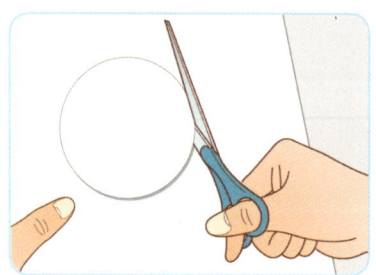

1 8절지 도화지를 가운데만 동그랗게 오려내서 방패연 모양으로 만듭니다.

파스텔로 칠하고 나면 휴지로 문질러 가루가 손에 묻지 않도록 합니다.

2 먼저 파스텔로 배경을 색칠하고, 연의 상단에는 하늘을 날아가는 모습을, 하단에는 하늘 위에서 내려다본 모습을 재미있게 그려봅니다.

3 종이 뒷면에 빨대 두 개를 십자 모양으로 붙이고, 다른 빨대 두 개를 X자 모양으로 덧붙입니다. 빨대가 겹치는 부분은 너무 두꺼워지지 않도록 손으로 눌러줍니다.

준비물 8절지 크기의 흰 도화지, 파스텔, 빨대, 투명테이프, 크레파스 또는 색연필

응용해 보아요!

- 우리나라 전통 연의 특성을 살려서 전통 문양을 오려붙여 꾸며보거나 붓펜으로 산수화 등을 그려보아도 좋습니다.

요령 상자

- 밖에서 날릴 수 있는 진짜 연을 만들려면 빨대 대신에 대나무 막대를 붙이세요.

멸치 오브제

아이는 평면보다 입체적인 표현을 더 좋아합니다. 실제 사물을 붙여 표현하는 것을 '오브제'라고 하는데 전혀 다른 용도의 물건들을 사용하여 표현해봄으로써 창의력을 키울 수 있습니다. 우리 생활 주변에서 쉽게 구할 수 있는 멸치를 이용하여 바닷속 풍경을 사실감 있게 표현해봅니다. 또, 바닷속 생물의 특징도 알아봅니다.

놀이를 시작하기 전에

바닷속에는 누가 살고 있을까요? 바다생물에 대해서 알아보는 시간을 갖습니다. 그런 다음 엄마와 아이가 물고기가 되어보는 놀이를 해봅니다. 물고기처럼 헤엄쳐 다니다가 마주치면 자기소개를 합니다. 사전놀이를 끝냈으면 물고기가 사는 바닷속을 만들어보자고 합니다.

시작해보기

1 파란색 물감으로 도화지 전체를 색칠하고 말립니다.

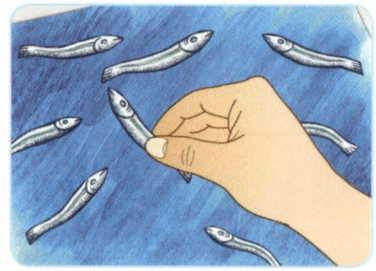

2 파란색으로 물든 도화지에 본드를 이용하여 멸치를 붙여주세요. 그냥 붙여도 되고 색색의 물감으로 칠해서 붙여도 재미있습니다.

3 물고기 주변에 바위, 물풀, 오징어 등 바닷속 풍경을 크레파스로 그려 넣습니다.

| 준비물 | 멸치(너무 작지 않은 것), 물감, 면봉, 본드, 크레파스, 도화지 |

완성된 작품을 보고 어떤 장면인지 이야기해봅니다.

▶ 인어공주와 바닷속 풍경

 응용해 보아요!

- 아이와 함께 동화 속 상상의 바다 풍경을 꾸며보세요. 다양한 폐품을 활용하여 인어공주, 잠수함, 물풀, 바위 등을 꾸미고 멸치, 새우, 오징어, 조개껍데기로 바다생물을 표현해보세요.

요령 상자
- 멸치뿐 아니라 오징어, 새우, 조개껍데기 등 다양한 건어물을 붙이면 더 재미있어요.

에어캡을 활용한 눈 오는 풍경

 6세 이상

계절이 바뀌면 달라지는 변화에 대해 잘 모르는 아이들이 많습니다. 아이가 계절감을 익힐 수 있도록 도와주는 것은 교육적으로도 중요합니다. 겨울에는 무엇을 볼 수 있는지 아이와 이야기해 보고 표현해봅니다. 겨울철 옷차림이나 날씨 등 특징적인 점들을 표현하고, 눈이 오는 풍경을 에어캡을 이용하여 표현하면 아이들이 즐거워합니다.

놀이를 시작하기 전에

겨울 풍경에 대해서 아이의 경험을 토대로 이야기를 나눕니다. 예를 들면, 손이 시리고, 코트를 입어야 하고, 눈이 오고, 얼음이 어는 등의 겨울 현상에 관한 이야기를 나눌 수 있습니다. 아이와 함께 신문지를 잘게 찢어서 눈을 만들어 뿌리는 놀이를 해봅니다. 사전놀이를 정리하고 겨울 풍경을 그림으로 담아봅니다.

시작해보기

하늘에서 내리는 눈은 그리지 않아요!

에어캡은 유리 등 깨지는 물건을 포장할 때 흔히 사용하는 것이지요!

1 도화지에 크레파스로 눈사람과 집, 나무 등을 그리고 색칠합니다. 눈사람과 나뭇가지, 집 위에 쌓인 눈은 흰색 크레파스로 색칠합니다.

2 파란색이나 보라색 물감으로 배경 전체를 색칠하고 물감이 마르기 전에 에어캡을 덮습니다.

3 물감이 어느 정도 마르면 에어캡을 열고 어떤 무늬가 생겼는지 관찰합니다.

준비물 에어캡(뽁뽁이), 크레파스, 물감, 도화지

에어캡의 동그란 모양이 그대로 찍혀서 하늘이 동그란 눈으로 가득 찼어요.

 응용해 보아요!

- 에어캡을 원하는 모양으로 자르고 도화지에 붙여도 재미있습니다. 도화지에 미리 에어캡과 같은 모양으로 색을 칠한 후 에어캡을 덧붙이면 은은하게 색이 비칩니다.

요령 상자
- 에어캡을 붙일 때는 에어가 들어있는 쪽을 도화지에 붙입니다.
- 물감이 충분히 묻어 있어야 에어캡을 붙인 효과가 잘 나타납니다.

잠자리 가족 물풀 그림

4세 이상

점과 선은 가장 기본적인 조형요소입니다. 간단한 점과 선을 이용하여 잠자리를 표현해볼 수 있습니다. 이 놀이는 물풀과 파스텔을 이용하여 비밀그림의 효과를 주므로 아이의 호기심과 상상력을 이끌어내고 색의 아름다움도 느낄 수 있답니다.

놀이를 시작하기 전에

아이에게 먼저 물풀 사용방법을 알려줍니다. 뚜껑을 열고 가운데를 잡고 누르면 풀이 조금씩 나옵니다. 주먹 쥐듯 꽉 짜면 풀이 많이 나오므로 주의하도록 합니다. 사용한 후에는 뚜껑을 꼭 씌운다는 것도 가르쳐주세요. 풀 사용법을 익혔으면 이제 풀을 이용하여 점을 찍습니다. 콕! 콕! 신나는 음악에 맞추어 점찍기 놀이를 합니다. 약간 느린 음악을 틀어놓고 음악에 맞추어 선을 그려봅니다. 긴 선, 짧은 선, 꼬불 선 등 다양한 선을 마음껏 그리게 합니다. 충분히 연습을 한 뒤 다음 놀이를 시작해봅니다.

시작해보기

연필로 살짝 물풀로 그릴 자리를 만들어주어도 좋습니다.

1 도화지에 물풀로 두 개의 점을 찍습니다. 그 사이에 긴 선 하나 그리고, 양쪽에 짧은 사선을 두 개 그려서 잠자리를 표현합니다. 몇 개 더 만들어봅니다.

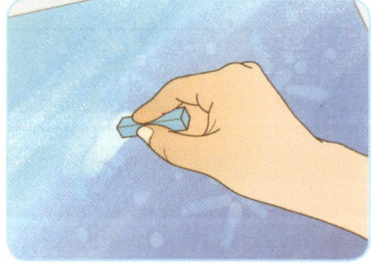

2 물풀이 완전히 마르면 세네 가지 색의 파스텔을 선택하여 화면 전체를 칠합니다.

3 휴지로 위에서부터 닦아 내려오면 잠자리가 나타납니다. 손에 묻지 않도록 두세 번 정도 닦아내세요.

준비물 물풀, 파스텔, 휴지, 도화지

 응용해 보아요!

- 물풀에 식용색소를 넣은 뒤 뚜껑을 닫고 위아래로 흔들면 색풀이 만들어집니다. 여러 가지 색깔의 색풀을 만든 후 그림을 그려보세요.

요령 상자

- 물풀이 마르면 잠자리가 눈에 보이지 않게 되므로 파스텔로 화면 전체를 색칠해야 나중에 잠자리가 나타납니다.
- 파스텔은 너무 많은 색을 사용하면 지저분하고, 한 가지 색으로만 칠하면 단순하므로, 두 가지 색이라도 서로 번갈아 칠하여 변화를 줍니다.

점토판화 성탄카드

판화는 하나의 판을 만들어 똑같은 이미지를 여러 장 만들어낼 수 있습니다. 이러한 판은 여러 가지 방법으로 만들 수 있는데 점토를 이용하면 아이가 쉽게 형태를 바꿀 수 있어서 다양한 표현이 가능합니다. 아이는 자기가 만든 이미지를 찍어보면서 표현욕구를 증진시킬 수 있고, 또 매우 즐거워한답니다.

놀이를 시작하기 전에

점토를 아이 손에 들어갈 만한 크기로 떼어주고 조물조물 해보면서 느낌을 이야기해봅니다. 길게 말아도 보고 손가락으로 찍어도 보면서 자유롭게 탐색하는 시간을 갖습니다. 그리고 나서 성탄을 맞아 친구에게 줄 카드를 만들어보자고 말해보세요. '성탄'이나 '겨울' 하면 떠오르는 이미지를 생각해보고, 눈사람, 종, 트리, 산타 등이 떠올랐다면 이를 점토에 표현해봅니다.

시작해보기

1 점토를 동그랗게 말았다가 바닥에 놓고 손바닥으로 눌러서 납작하게 만듭니다.

2 납작하게 만든 점토에 이쑤시개를 이용하여 눈사람을 그린 다음 완전히 말립니다.

3 흰색 물감을 골고루 칠한 뒤, 물감이 마르기 전 검은색 종이를 덮고 부드러운 천 뭉치 등으로 골고루 잘 눌러줍니다.

준비물 점토, 이쑤시개, 흰색 물감, 붓, 검은색 종이, 부드러운 천 뭉치

찍은 종이를 오려서 카드로 활용하세요.

 응용해 보아요!

- 연령대가 낮은 아이는 점토 위에 장난감이나 빨대 등을 찍어서 표현하게 해보세요.
- 점토에 자기 손을 찍어서 말리면 멋진 손도장이 만들어져요.

요령 상자

- 물감이 마르기 전에 재빨리 찍어야 이미지가 잘 나옵니다. 물감이 말라서 잘 찍히지 않으면 종이를 조금 축축하게 하고 찍어보세요.
- 판화는 이미지가 반대로 나오므로 글씨는 거꾸로 써야 합니다.

동물원 팝업책

팝업이란 '튀어오르다'란 뜻으로, 2차원의 평면 위에 3차원의 입체로 이미지를 표현하는 팝업책 만들기는 아이의 호기심을 자극하고 상상력과 창의력을 기르는 데 효과적입니다. 아이들도 쉽게 만들 수 있는 '입 팝업'으로 여러 가지 동물을 입체적으로 표현하고 동물을 소개하는 글을 써봅니다.

놀이를 시작하기 전에

아이에게 팝업그림책을 보여주세요. 팝업 모양을 보고 어떤 동물을 만들면 좋을지 생각해보도록 합니다. 아이가 고른 동물의 특징에 대해 함께 이야기를 나누고 이를 팝업그림책으로 만들어보자고 제안합니다.

시작해보기

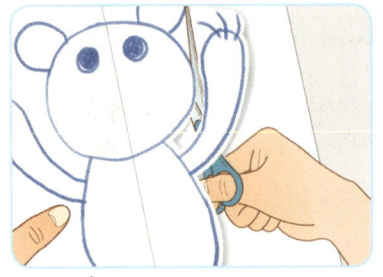

1 흰 종이를 반 접었다 펴고, 접은 선 가운데를 중심으로 동물의 얼굴과 몸체를 그린 다음 오려냅니다.

2 그림이 겉으로 나오게 하여 반으로 접은 후 핑킹가위로 가윗집을 내고 양쪽을 세모 모양으로 접어서 입 팝업을 만듭니다.

완성한 속지 3장은 반 접은 상태에서 풀로 붙여 책 모양이 되도록 연결합니다.

3 색연필로 색칠하여 꾸민 다음 반으로 접은 속지에 접은 선을 맞추어 붙입니다. 같은 방법으로 동물을 두 가지 정도 더 만듭니다.

4 표지는 골판지를 반으로 접은 후 속지 앞, 뒤에 풀로 붙여 연결합니다. 골판지를 감거나 잘라서 글자를 만들어 표지를 꾸며줍니다.

| 준비물 | 16절 크기의 흰 종이, 파란색 종이 3장씩, 골판지, 가위(핑킹가위), 색연필 |

어떤 동물인지 소개하는 글을 간단히 써 보아요.

응용해 보아요!

- 연령대가 낮은 아이는 동물 울음소리 책을 만들어도 좋습니다. 예를 들면, 고양이(그림)와 야옹야옹(글), 개구리(그림)와 개굴개굴(글), 강아지(그림)와 멍멍(글). 이렇게 팝업책을 만들 수 있겠지요.
- 입뿐만 아니라 세모 모양으로 코 팝업도 만들어 우리 가족을 소개하는 팝업책을 만들어 보세요.

요령 상자

- 입 팝업을 먼저 만들고 입 모양을 보면서 동물을 그려도 좋습니다.
- 동물 소개글은 한 문장만 써도 좋고, 아이가 아직 글을 잘 모른다면 동물 이름만 써보게 해서 글쓰기 부담을 주지 않도록 합니다.

하늘, 땅, 바다 모빌책

6세 이상

낚싯줄을 이용하면 움직이는 간단한 팝업을 만들 수 있습니다. 하늘과 땅, 바다에 사는 것들을 움직이는 모빌책으로 만드는 이 놀이를 통해 아이들은 하늘, 땅, 바다의 특징과 차이점을 배우게 됩니다. 책을 펼치면 그림이 입체적으로 튀어나오고 움직일 수도 있어서 아이의 상상력을 자극하는 놀이입니다.

놀이를 시작하기 전에

하늘과 땅, 바다는 어떤 곳인지 각각의 차이점을 이야기해봅니다. 하늘에서 사는 동물이나 하늘에서 볼 수 있는 것을 생각해보고 그림으로 그려봅니다. 또, 땅과 바다에서 볼 수 있는 것도 그림으로 그려봅니다. 엄마는 아이가 그린 그림을 오려두세요. 이제 재미난 모빌책을 만들어봅시다.

시작해보기

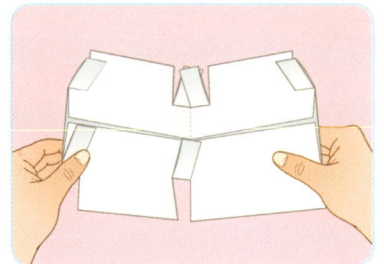
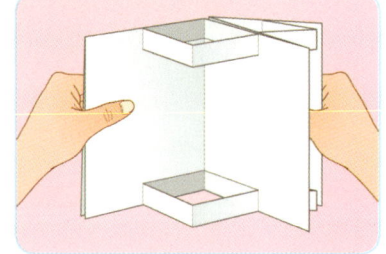

1 4절 색지의 긴 쪽을 4등분, 짧은 쪽을 2등분으로 접었다 편 후 4등분한 부분을 중심선을 기준으로 마주 보게 접습니다.

2 한 면을 제외하고 나머지 3면 양쪽 가장자리 위, 아래쪽을 오려 접습니다.

3 종이를 펼쳐서 아코디언으로 접은 후 가운데 솟아오른 부분을 아래로 내려 접어 책을 만듭니다. 팝업을 앞으로 잡아당겨 돌출되게 만듭니다.

하늘과 땅, 바다에는 누가 누가 사는지, 위, 아래 팝업에 씁니다.

4 하늘, 땅, 바다의 배경을 그려넣습니다. 오려놓은 이미지 뒤쪽에 낚싯줄을 투명테이프로 붙인 다음 위쪽 팝업 안쪽에 붙여서 연결합니다. 다른 작은 이미지들은 아래쪽 팝업 안쪽에 붙여서 세웁니다.

5 표지에 제목을 쓰고 색종이, 솜, 사인펜으로 장식합니다.

| 준비물 | 4절 크기의 색지, 사인펜, 색연필, 낚싯줄, 솜, 투명테이프, 색종이 |

 응용해 보아요!

- 어떤 장면인지 각 내용을 서로 연결하여 재미있는 이야기를 만들면 나만의 동화책이 됩니다.

요령 상자

- 팝업을 만들 때 페이지의 절반 이상을 자르면 팝업이 밖으로 튀어나가므로 주의합니다.
- 책의 제목은 내용을 반영해서 짓고 표지 그림은 책의 주인공이나 가장 재미있는 장면을 그려보게 합니다.

내가 그린 모나리자

명화 감상은 미적 감각을 길러줄 뿐 아니라 표현력에도 영향을 줍니다. 모나리자는 많은 화가들이 자기만의 방식으로 재탄생시킨 그림으로, 화가들에게도 좋은 소재입니다. 아이에게 그림 속 인물은 누구일지 호기심을 갖게 유도하고, 그림을 다시 재구성해봄으로써 화가의 시각을 이해하고 창의력을 기를 수 있습니다.

놀이를 시작하기 전에

모나리자 그림을 보여주고 이 사람은 누구일지 자유롭게 이야기해봅니다. 그림 속 얼굴을 자세히 살펴보고 무엇이 없는지 찾아보게 하거나 왜 눈썹이 없는지 자유롭게 이야기해보아도 재미있습니다. 그림 속 모습을 똑같이 흉내 내보고 만약 내가 화가라면 어떤 모나리자를 그릴지 생각해봅니다. 모나리자 그림의 복사본을 주고 모나리자 그림에서 무엇을 바꾸면 좋을지, 무엇을 덧붙여 그리면 좋을지 구상해봅니다.

시작해보기

1. 사인펜으로 얼굴 형태와 눈, 코, 입을 먼저 그립니다. 그다음 머리와 몸을 그리는데 이때 똑같이 그리기보다는 약간 변형합니다.

2. 안경, 우산, 수염, 목걸이, 시계, 모자 등 덧붙이고 싶은 것을 자유롭게 그리고 색연필로 색칠합니다.

▶ 레오나르도 다 빈치의 '모나리자'

준비물 모나리자 그림, 모나리자 그림 복사본(약간 흐릿하게), 사인펜, 색연필

내가 그린 모나리자는 어떤 사람인지 이야기해보고, 원본과 비교하면서 감상해보세요.

 응용해 보아요!

- 연령이 낮은 아이는 복사본에 색칠만 해보아도 좋습니다.
- 모나리자 그림을 코팅한 뒤 여섯 조각 정도로 나누어 그림 퍼즐 맞히기 놀이를 해봅니다.

요령 상자

- 복사는 너무 진하지 않게 해야 나중에 색칠하기 쉽습니다. 그러나 너무 흐리게 복사하면 잘 보이지 않아 그림 그리기가 힘들므로 적당한 농도를 맞추어 복사합니다.
- 인물의 얼굴 형태부터 그려야 나머지를 그리기 쉽습니다.
- 이미지를 색칠만 하지 말고 다양한 인물로 변신할 수 있도록 언어 자극을 주세요. 예를 들면, "안경을 그려보면 어떨까?" 하고요.
- 모나리자를 성별 구분없이 그려보게 합니다.

과일 그림 표현하기

6세 이상

주세페 아르침볼도는 과일, 꽃, 채소를 이용해 사계절을 남성으로 의인화해 표현한 그림으로 유명한 화가입니다. 얼핏 보면 사람 얼굴 같지만 자세히 들여다보면 과일, 꽃, 채소 등이 재미있게 구성되어 있어 매우 창의적이라는 것을 알 수 있습니다. 아이는 이러한 작품 감상을 통해 표현의 다양성을 자연스럽게 익힐 수 있습니다. 또, 화가처럼 과일 모양의 특성을 이용하여 얼굴을 꾸며봄으로써 독창적인 시각을 기를 수 있습니다.

놀이를 시작하기 전에

아르침볼도의 작품을 멀리서 보여주고 무엇인지 물어보세요. 작품을 다시 가까이에서 보게 한 후 무엇이 있는지 살펴봅니다. 작품 속의 과일이나 야채, 꽃 등을 찾아보고 누가 많이 찾아내는지 놀이를 해봅니다. 만약 내 얼굴을 과일로 표현해본다면 어떻게 꾸미면 좋을지 생각해봅니다.

시작해보기

1 잡지에서 내 얼굴 형태와 가장 비슷한 모양을 가진 과일 사진을 찾아보게 합니다. 얼굴은 가장 큰 부분이므로 가급적 큰 과일이나 큰 사진을 선택합니다.

2 머리 모양은 어떤 과일로 표현하면 좋을지 찾아보고 오려서 얼굴 위에 붙입니다.

3 같은 방법으로 눈, 코, 입, 귀 등을 찾아보고 얼굴 위에 붙여서 구성합니다.

준비물	과일 사진*, 가위, 풀, 도화지
	(*크기를 여러 가지로 준비하되 원래 과일 크기와 비례가 맞도록 준비합니다.)

▶ 아르침볼도의 '봄(좌)'과 '여름(우)'

▶ 여러 가지 과일사진을 활용하여 그린 그림

 응용해 보아요!

- 연령대가 너무 낮은 아이는 과일을 구성하여 하나의 사물을 표현하는 활동이 어려우므로 과일 한 개를 가지고 연상되는 것을 찾아보고 도화지에 붙인 후 나머지를 연상하여 그려보게 합니다. 너무 어려운 사물보다는 꽃, 나비, 물고기처럼 아이에게 친숙하고 간단한 모양의 사물부터 시작하세요.

요령 상자

- 과일은 반으로 자른 모양도 가능하며 작은 과일은 서로 길게 연결하여 표현해도 좋습니다.
- 과일뿐 아니라 더 다양한 표현이 가능한 야채 사진도 활용하여 꾸며봅니다.

계란판 코스모스

생활 주변의 폐품은 모두 아이들의 미술표현 재료로 활용할 수 있습니다. 폐품의 모양을 보고 특징을 생각해서 다른 사물을 연상하는 활동을 통해 아이들은 형태감과 많은 아이디어를 낼 수 있는 유창성을 기릅니다. 또, 폐품을 활용한 입체조형은 소근육을 정교하게 발달시키며, 감각을 자극하여 지적 발달도 도와줍니다.

놀이를 시작하기 전에

종이 계란판을 깨끗이 닦아서 말려둡니다. 계란을 담는 부분을 가로로 오려내어 아이에게 보여주고 무엇이 떠오르는지 이야기해봅니다. 이때 엄마가 먼저 "와, 꽃 같다." 하면서 아이의 호기심을 이끌어주어도 좋습니다. 가을에 피는 꽃 중에서 코스모스를 표현해보기 위해 코스모스의 꽃잎은 몇 개인지, 무슨 색인지 코스모스의 특징을 알아봅니다.

시작해보기

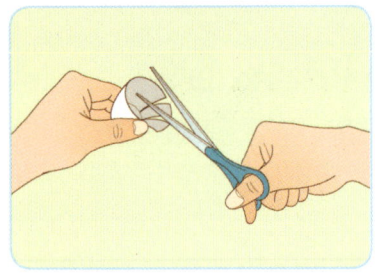

1 계란판을 6등분으로 잘라 꽃잎을 만듭니다. 꽃잎의 끝은 동그랗게 자르거나 핑킹가위로 모양을 내서 자릅니다.

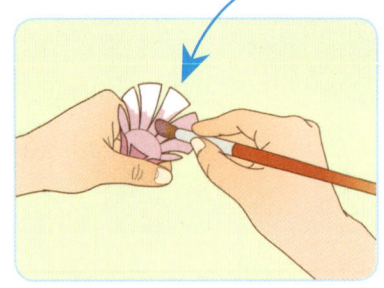

아크릴 물감을 이용하면 빨리 마릅니다.

2 물감으로 계란판의 안과 겉을 모두 색칠합니다. 이때 안쪽을 먼저 색칠한 다음, 마르면 겉을 칠합니다.

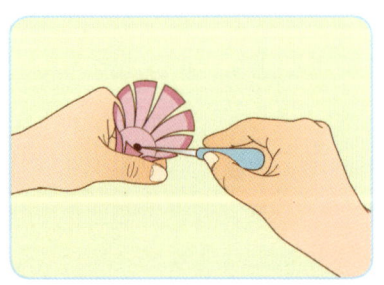

3 물감이 다 마르면 엄마가 송곳으로 꽃의 가운데 부분에 구멍을 뚫습니다.

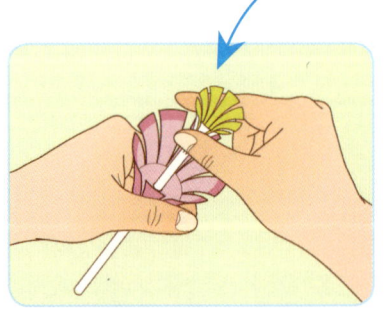

주름 부분까지만 가위야 꽃이 움직일 수 있답니다.

4 주름빨대의 주름 윗부분의 길이를 반 정도 자르고 가윗집을 내어 꽃의 수술을 만듭니다. 빨대는 꽃의 가운데 구멍에 꽂아 끼웁니다.

| 준비물 | 종이 계란판, 물감붓, 빨대, 가위(핑킹가위), 송곳 |

여러 송이를 만든 후
꽃병에 꽂아 장식해보세요.

▶ 계란판으로 만든 새, 벌레, 곤충

응용해 보아요!

- 계란판을 두 개, 세 개, 또는 몇 개씩 연결하면 재미있는 모양이 나옵니다. 또 어떻게 붙이느냐에 따라서도 다양한 모양이 만들어지지요. 새, 벌레, 곤충 등도 표현해보세요.

요령 상자

- 물감으로 색칠하고 반짝이 가루를 살짝 뿌리면 반짝반짝 더 환상적인 꽃이 됩니다.
- 플라스틱 계란판을 가지고도 같은 방법으로 꽃을 만들 수 있습니다. 색칠은 아크릴 물감으로만 해야 하는데 안쪽에만 색칠해도 색이 비치므로 겉에는 물감을 칠하지 않아도 됩니다.

넥타이와 양말의 변신

작아지거나 쓸모없어져 버리는 넥타이나 양말로 재미있는 동물을 만들어보아요. 양말은 안에 솜이나 신문지를 넣으면 입체적인 형태가 되어 아이의 상상력을 자극할 수 있습니다. 아이가 좋아하는 다양한 동물을 창의적으로 표현해보는 시간을 가져봅니다.

놀이를 시작하기 전에

넥타이를 여러 방향에서 보여주고 넥타이의 모양과 색에서 연상되는 것을 이야기합니다. 또, 넥타이와 가장 비슷한 바닷속 생물은 무엇인지 생각해봅니다. 양말에는 솜이나 신문지를 구겨 넣고 한쪽 끝을 묶어서 볼록하게 만든 다음 무엇이 떠오르는지 아이에게 물어보세요. 아이와 즐겁게 상상해보다가 넥타이와 양말이 오징어와 물고기로 변신하는 놀이를 해보자고 합니다.

시작해보기

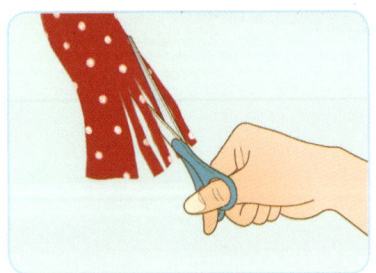

1 넥타이를 적당한 길이로 자릅니다. 위의 삼각형 부분을 끈으로 묶고 아랫부분은 가윗집을 내어 오징어의 몸체와 다리를 표현합니다.

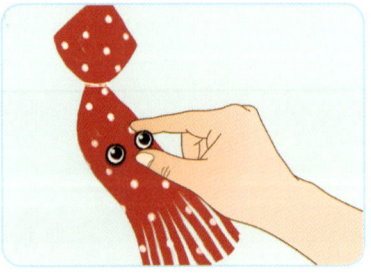

2 인형눈을 붙이고, 오징어 다리는 동그라미 스티커로 꾸며줍니다.

3 솜을 구겨 넣어 볼록해진 양말에 인형눈을 붙이고 스티커, 뿅뿅이를 이용하여 물고기를 꾸며줍니다.

| 준비물 | 넥타이, 양말, 솜이나 신문지, 끈, 인형눈, 가위, 스티커, 색볼(뽕뽕이) |

완성한 오징어와 물고기를 가지고 생선가게 놀이에 활용해보세요.

➡ 양말로 만든 물고기

응용해 보아요!

- 완성한 오징어와 물고기 몸체 뒤에 막대를 붙인 후 인형극 놀이를 해보세요.

요령 상자

- 넥타이를 자를 때는 넓은 쪽을 위로 해서 넥타이의 아랫부분을 적당한 길이로 자릅니다.
- 양말은 단색이나 간단한 무늬가 있는 양말이 좋으며 성인양말의 경우 너무 크면 아이가 다루기 부담스러우므로 적당한 길이로 잘라줍니다.

상상 속 외계인 만들기

7세 이상

미지의 세계 우주는 상상력을 발휘하기에 좋은 주제입니다. 영화나 만화에서 본 외계인을 만들어보는 이 놀이는 아이들이 우주에 대하여 관심을 갖게 하며, 나만의 상상을 자유롭게 펼칠 수 있어 아이들이 무척 즐거워합니다. 또, 우주를 상징할 만한 재료를 스스로 찾아보고 재료의 특성을 다양하게 활용하면서 재료사용능력을 익힐 수 있습니다.

놀이를 시작하기 전에

내가 우주인이 되어 우주로 간다면 누구를 만날지, 무슨 일이 있을지 상상해봅니다. 외계인이 살고 있다면 어떻게 생겼을까? 눈은 몇 개이고, 얼굴 모양은 어떨지, 혹시 뿔이 달려 있지는 않을지, 외계인의 모습에 대해 아이와 함께 이야기를 나누어봅니다. 이제 준비된 폐품을 잘 살펴보고 외계인의 얼굴과 몸체로 표현하고 싶은 재료를 고른 다음 놀이를 시작합니다.

시작해보기

재료를 그대로 사용하거나 쿠킹호일로 싸도 좋습니다.

1 파이프 보온재를 적당한 길이로 자르고 주름호스를 끼워서 몸체를 만듭니다.

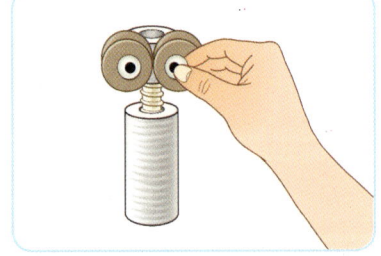

2 필름통이나 휴지심 두 개를 붙여서 얼굴을 표현하고 인형눈을 붙입니다.

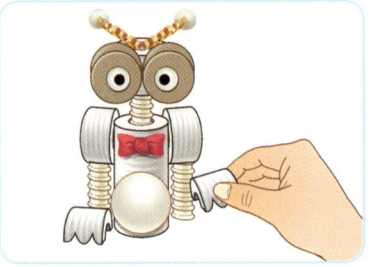

3 주름호스로 팔을 표현하고 파이프 보온재를 반으로 잘라 몸체 아래에 붙여 다리를 표현합니다.

준비물 색볼(뽕뽕이), 빵끈, 인형눈, 가위, 본드, 글루건, 파이프 보온재, 주름호스, 병뚜껑, 필름통이나 휴지심, 장식 리본, 볼 스티로폼

외계인 만들기는 정답이 없으므로 아이가 상상한 것을 자유롭게 표현하도록 격려해주세요.

▶ 외계인과 우주기지

 응용해 보아요!

- 외계인뿐 아니라 우주선, 로켓도 만들어 커다란 우주 공간을 꾸며보세요. 공간지각력도 키울 수 있을 뿐 아니라 상상 속의 공간이 현실로 표현되면서 더 실감나게 놀이할 수 있습니다.

요령 상자

- 아이들은 외계인을 사람만이 아니라 외계고양이, 외계강아지처럼 동물과도 연계를 합니다. 아이의 생각을 인정해주고 만약 외계고양이를 만든다면 우주에 살고 있는 외계고양이는 지구고양이와 무엇이 다를지 생각해보게 하여 창의적인 표현으로 이끌어주세요.
- 폐품을 서로 붙일 때는 글루건을 쓰면 좋은데, 아이가 사용하기는 위험하므로 어른의 도움이 필요합니다. 단, 엄마 마음대로 붙이지 말고 아이의 의견을 물어보고 붙여주세요.
- 폐품 중에 아이에게 해로운 게 있는지 미리 잘 살펴 준비하고, 간혹 작은 크기의 폐품은 아이가 먹을 수 있으니 주의합니다.

물고기 자동차

아이들은 눈 앞에 보이지 않는 것도 상상하여 "저기에 꽃이 있어요." 하는 식으로 이야기하곤 합니다. 상상력이 발달하는 유아기에 기존의 사물을 다양한 시각에서 바라볼 수 있도록 해주는 것은 상상력, 창의력 발달에 도움을 줄 수 있습니다. 폐품을 활용해 물고기 모양의 자동차를 만들어 보면서 아이들은 세상에서 하나밖에 없는 발명품을 가졌다는 기쁨을 느낍니다.

놀이를 시작하기 전에

내가 발명가라면 어떤 모양의 자동차를 만들지 이야기를 나누어봅니다. 만약 물고기 모양의 자동차가 있다면 어떤 점이 좋을지, 어떤 점이 나쁠지, 장점과 단점을 이야기합니다. 물고기의 모양과 특징을 책이나 사진을 보면서 알아본 다음 자연스럽게 만들기에 들어갑니다.

시작해보기

몸체 부분에 차 안에 탄 사람을 그려넣어도 좋습니다.

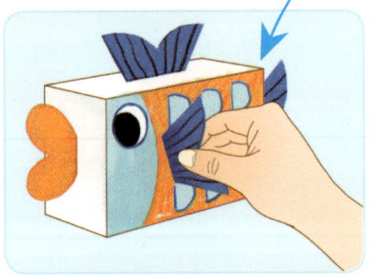

1 비늘 모양으로 오린 색종이를 상자에 붙이고, 물고기의 입 모양으로 오린 색종이는 상자 앞쪽에, 지느러미 모양으로 오린 색종이는 상자 뒤쪽에 붙입니다. 인형눈도 붙여줍니다.

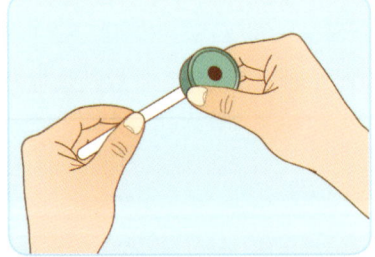

2 빨대를 상자의 폭에 맞추어 자르고 장난감 바퀴의 막대 부분에 빨대를 끼웁니다.

3 장난감 바퀴를 상자 밑부분에 놓고 빨대가 가운데 오도록 한 다음, 투명테이프로 빨대와 상자 몸체를 서로 붙입니다. 같은 방법으로 앞바퀴와 뒷바퀴를 모두 붙여 차가 굴러갈 수 있도록 합니다.

준비물 상자, 색종이, 풀, 인형눈, 장난감 바퀴, 빨대, 투명테이프, 사인펜, 크레파스

누구의 물고기 자동차가 빨리 달리는지 놀이에 활용해보세요.

응용해 보아요!

- 네모난 투명페트병을 이용하면 색깔물을 넣어 더 재미있게 표현할 수 있습니다.
- 하늘을 나는 자동차, 바닷속을 달리는 자동차 등 여러 가지 주제를 가지고 아이가 상상한 것을 그림으로 그려보거나 폐품으로 만들어보게 합니다.

요령 상자

- 무늬가 많거나 지저분한 상자는 색지로 미리 싸놓습니다.
- 장난감 바퀴가 없으면 종이컵을 잘라서 사용하거나 병뚜껑과 같은 동그란 폐품을 활용하여 만듭니다.

휴지심 강아지 만들기

4세 이상

휴지심은 종이로 만들어져 있어 가위질이 쉽고, 원기둥 형태여서 다양한 사물 표현이 가능합니다. 이 놀이에서는 휴지심의 원기둥 모양을 보고 연상되는 것을 특징을 살려 만들어보면서 유창성을 기르고, 대상의 특성에 대한 지각력도 높일 수 있습니다.

놀이를 시작하기 전에

휴지심과 비슷한 모양을 생활 주변에서 찾아봅니다. 이를테면 연필, 휴지, 랩, 물통, 병 등이 있겠지요. 휴지심으로 강아지를 만들어보면 어떨지 이야기해보고 강아지의 특징을 찾아봅니다. 강아지의 특징을 살려 휴지심 강아지를 만들어봅니다.

시작해보기

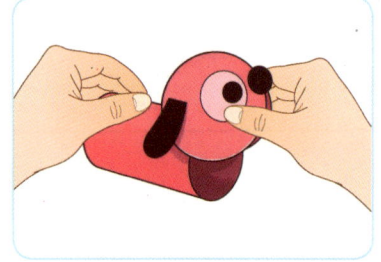
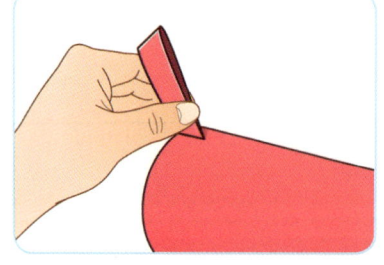

1 휴지심을 색종이로 돌려 감고 풀로 붙여서 강아지의 몸체를 만듭니다. 두꺼운 색지를 동그랗게 오리고 인형눈을 붙여서 강아지의 얼굴을 만들고, 귀와 코 부분은 색종이로 오려서 붙여줍니다.

2 색종이를 오려서 꼬리를 만들고 휴지심 한쪽에 가윗집을 낸 후 끼웁니다.

3 두꺼운 색지로 다리 네 개를 오린 후 몸체 앞, 뒤에 풀로 각각 붙여서 세울 수 있게 만듭니다.

준비물 휴지심, 색종이, 인형눈, 두꺼운 색지 약간, 가위, 풀

엄마 개, 아기 강아지 등을 만들어 놀이에 활용해보세요.

▶ 휴지심으로 만든 생쥐와 코끼리

 응용해 보아요!

- 휴지심으로 다양한 주제를 표현해보세요. 휴지심을 세워서 절반을 가윗집 내면 문어나 오징어를 만들 수 있습니다. 휴지심을 눕혀서 다양한 동물의 얼굴을 표현할 수 있으며, 휴지심 두 개를 붙이면 망원경이 됩니다. 휴지심을 2~3cm 두께로 자르면 팔찌나 시계를 만들 수 있습니다.

요령 상자

- 휴지심을 쌀 때 색종이에 풀칠하는 것은 아이가 하도록 하고 붙일 때 제자리에 잘 맞추어 붙일 수 있도록 엄마가 옆에서 도와줍니다.
- 아이들은 얼굴을 표현할 때 옆모습이 아닌 정면을 표현하는데, 이는 자연스런 현상입니다.

2

오감 발달 미술놀이

유아기의 두뇌는 전 부분에 걸쳐 급격한 발달을 이루는데, 두뇌 발달을 위해서는 적절한 자극이 필요합니다. 보고, 듣고, 맛보고, 냄새 맡고, 피부로 느끼는 오감 자극은 유아기 두뇌 발달에 가장 좋은 영향을 미치는 교육이 될 수 있습니다. 다양한 재료를 가지고 탐색과 표현을 할 수 있는 미술놀이야말로 아이가 쉽고 재미있게 접근하도록 하여 자연스럽게 오감을 자극할 수 있습니다.

과자로 꽃밭 그리기

미술놀이를 할 때 과자를 사용하면 아이가 아주 재미있어 하고 놀이에도 관심을 보인답니다. 이 시기의 아이들은 과자의 모양과 특징을 금세 알아채고 비슷한 모양으로 분류할 수 있습니다. 이렇게 해보면서 아이의 형태지각력은 쑥쑥 자라나게 되지요. 과자와 비슷한 모양의 사물을 함께 찾아보고 꽃과 곤충, 얼굴 모양이나 자동차 같은 다양한 사물을 표현해보세요.

놀이를 시작하기 전에

아이와 함께 과자를 먹어보고 맛과 향, 촉감에 대하여 이야기해봅니다. 비슷한 모양의 사물로는 어떤 것이 있는지 생활 주변에서 찾아보세요. 예를 들어, 네모 모양 과자로는 책, 식탁, 문 같은 사물이 떠오르겠지요. 준비한 과자의 모양을 살펴보고 아이가 비슷한 모양끼리 모아볼 수 있도록 합니다. 준비해둔 도화지를 펼쳐놓고 과자로 꽃과 나비를 만들어 꽃밭을 꾸며보자고 말합니다.

시작해보기

1 나비를 만들어봅니다. 네모난 과자로 몸체를 만들고 동그란 과자로는 날개를, 그리고 작은 초코과자로 눈을 만듭니다.

2 이번에는 꽃을 만들어봅니다. 길쭉한 과자로는 줄기를, 동그란 과자와 작은 초코과자로는 꽃잎을 만들어보세요. 그리고 적당한 모양의 과자로 줄기에 잎도 달아봅니다.

준비물　네모 모양, 동그란 모양, 길쭉한 모양의 과자, 작은 초코과자, 도화지

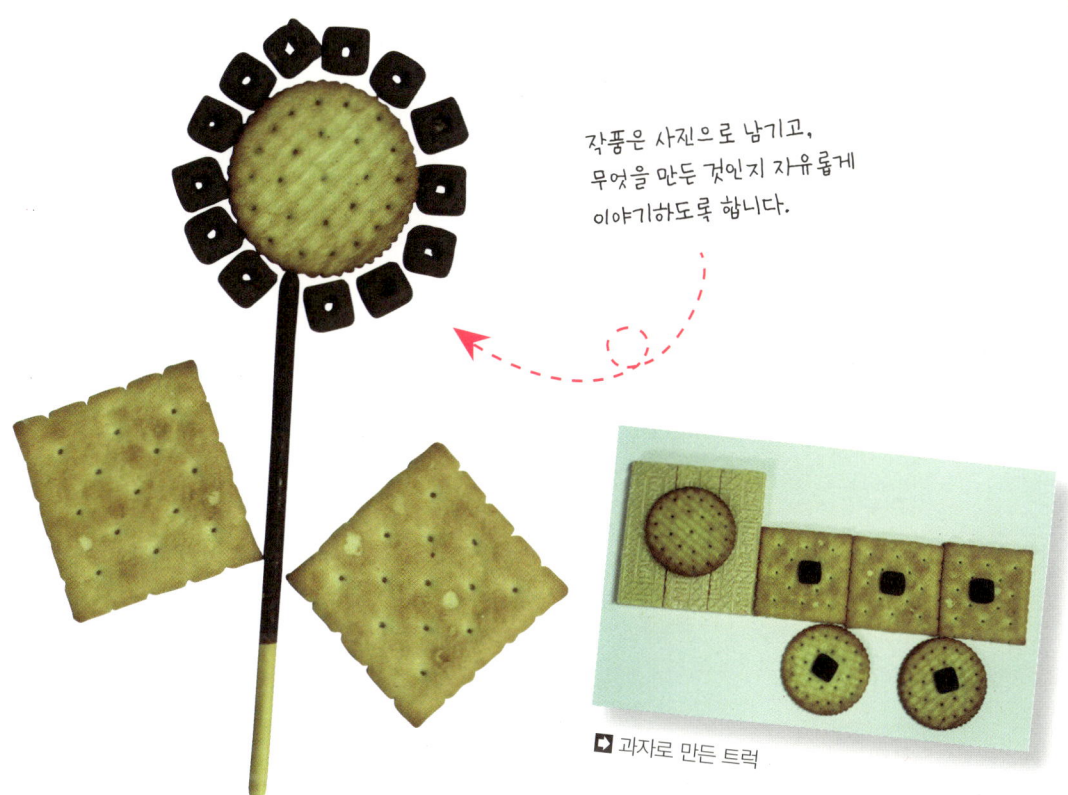

작품은 사진으로 남기고, 무엇을 만든 것인지 자유롭게 이야기하도록 합니다.

▶ 과자로 만든 트럭

 응용해 보아요!

- 아이와 함께 가족의 얼굴이나 동물원 등을 주제로 다양한 사물을 만들어보세요. 네모 모양 과자 두 개를 서로 붙이고 동그라미 과자 네 개를 붙이면 뛰뛰빵빵 버스가 된답니다.
- 연령대가 높은 아이는 과자봉지의 과자 사진을 오려서 도화지 위에 붙인 다음 연상 그림을 그려볼 수 있습니다.

요령 상자

- 연령이 낮을수록 동그라미, 네모, 세모 등 단순한 도형 모양의 과자를 준비합니다.
- 사물을 표현할 때 자세한 표현보다는 대상의 특징만 나타낼 수 있도록 합니다.
- 아이들은 상상력이 풍부하므로 존재하지 않는 것을 만들어낼 수 있습니다. 그럴 때는 아이의 상상력을 칭찬해주고 격려해주세요.

내가 만든 종이

버리는 종이를 이용하여 수제종이를 만들 수 있습니다. 종이를 찢고, 불리고, 갈고, 떠내는 과정에서 다양한 감각을 사용하게 되며, 이렇게 완성된 종이는 세상에 하나밖에 없는 귀중한 도화지가 됩니다. 직접 만든 종이에 그림을 그려보세요.

놀이를 시작하기 전에

종이는 어떻게 만들까? 아이에게 계란판으로 종이를 만들어보자고 제안합니다. 계란판을 아이와 함께 작게 찢은 후 물에 담가놓았다가 다음날 종이 만들기를 시작합니다.

시작해보기

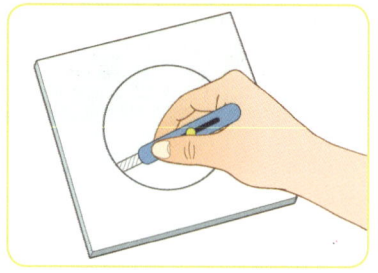

1 종이틀을 만듭니다. 우드락에 원하는 크기만큼 원 모양을 뚫습니다.

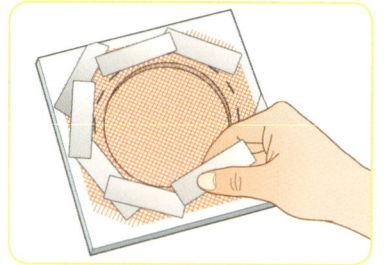

2 양파망을 팽팽히 잡아당겨 우드락에 스테이플러로 찍어 고정하고 은박테이프로 가장자리를 붙입니다.

3 물에 불린 종이를 믹서기에 넣고 물과 종이를 3 대 1의 비율로 해서 갈아줍니다. 믹서기로 간 종이는 물을 반쯤 담은 대야에 붓습니다.

4 종이틀을 대야에 집어넣었다가 꺼내서 종이를 거릅니다. 물이 빠지면 수건 위에 붙여서 말립니다.

| 준비물 | 계란판, 우드락, 양파망, 대야, 수건, 크레파스, 사인펜, 믹서기 |

완성된 수제종이 위에 겨울을 주제로 트리나 눈사람 등을 그려보세요.

 응용해 보아요!

- 간 종이 안에 녹차를 마시고 남은 차찌꺼기나 실, 나뭇잎 등을 넣으면 재미있는 종이가 만들어집니다.
- 색색의 종이를 만들고 싶을 때는 색이 있는 종이를 갈아서 넣으세요.

요령 상자
- 신문지나 잡지는 인쇄가 되어 있어서 유해하니 계란판이나 복사지, 색지 등을 사용하세요.

밀가루 반죽 엄마 그림

밀가루는 가루 상태에서는 부드럽고 물을 만나면 끈적이고 반죽 상태에서는 다시 부드러워집니다. 이러한 변화는 아이의 촉감을 자극합니다. 밀가루의 성질을 이용한 미술놀이는 아이의 생각을 다양하게 이끌어내는 훌륭한 재료입니다. 붓 대신 손을 이용하여 자유롭게 탐색해보고 사람 얼굴의 특징을 관찰해 표현해봅니다.

놀이를 시작하기 전에

엄마를 관찰해보게 합니다. "엄마 얼굴은 오이처럼 길쭉할까, 달님처럼 동그랄까?" 엄마의 얼굴 모양, 머리 등의 특징을 말해보게 합니다. 그런 다음 큰 그릇에 밀가루를 담아놓고 물을 조금씩 뿌려가며 자유롭게 만져보는 시간을 갖습니다. 어떤 느낌이 드는지, 무엇이 생각나는지 이야기합니다.

시작해보기

엄마와 함께 "조물조물" 소리를 내면서 반죽해보아요.

완성한 그림은 하루 정도 완전히 말려줍니다.

1 밀가루에 물을 넣어서 떠먹는 요구르트처럼 될 때까지 반죽합니다. 종이컵에 반죽한 밀가루를 나누어 담고 원하는 물감을 섞습니다.

2 마분지에 밀가루를 조금 덜고 손바닥으로 문지르거나 손가락으로 그림을 그리며 충분히 가지고 놀면서 배경을 만듭니다. 배경 위에 다른 색의 밀가루를 덜어서 얼굴 형태를 만듭니다.

3 털실이나 골판지 조각 등을 이용하여 머리카락을 표현합니다. 눈은 단추나 병뚜껑으로 코는 성냥개비나 빨대로 표현합니다. 입은 마카로니를 길게 연결하여 표현해봅니다.

| 준비물 | 밀가루, 그림물감, 마분지, 일회용 숟가락, 종이컵, 단추, 털실, 빨대, 골판지 조각, 마카로니, 성냥개비 |

작품을 가지고 우리 엄마를 자랑해보세요.

 응용해 보아요!

- 밀가루를 되게 반죽하여 밀가루 물감을 만들어봅니다. 색색의 밀가루 물감을 만든 후 붓에 묻혀 칠하면 질감이 있는 입체적인 그림이 만들어집니다.

요령 상자

- 연령대가 낮은 아이는 형태의 특징보다는 눈, 코, 입, 머리카락 등을 표현하도록 이끌어 줍니다.
- 얼굴이나 머리카락의 색을 자유롭게 선택하게 합니다. 연령대가 낮은 아이는 색 자체를 즐기고 좋아하는 시기이므로 정확한 색을 쓰지는 않습니다. 7세 정도 되면 점차 사물과 색의 관련성을 이해하고 표현하는데, 얼굴은 살구색, 머리는 검은색 등과 같은 획일적인 표현이 아니라 웃을 때, 화가 날 때 등 감정에 따라 얼굴색이 달라질 수도 있다는 점을 알려주고 이를 관찰하여 표현하도록 지도합니다.
- 밀가루 반죽을 너무 얇게 바르면 덧붙인 재료가 마른 후 떨어질 수 있고 너무 두껍게 바르면 마른 후 갈라질 수 있으므로 주의합니다.

먹물불기 놀이

독특한 향이 나는 먹물은 아이의 후각을 자극합니다. 또, 먹물은 검은색으로 강하게 표현되므로 결과에 만족감을 줄 수 있습니다. 먹물을 불어서 흘려보고, 만들어진 면을 여러 가지 색으로 칠하여 색의 아름다움도 감상하고 구성력도 키워봅니다.

놀이를 시작하기 전에

먹물을 준비하여 냄새를 맡아보면서 크레파스와 어떻게 다른지 이야기해봅니다. 먹물로 그려진 옛그림을 보여주고 먹물의 사용방법을 알려줍니다.

시작해보기

아이는 폐활량이 작으므로 빨대를 짧게 잘라줘서 떨어뜨린 먹물 옆에 대고 불어보게 하세요.

1 먹물을 종이컵에 덜고 물을 약간 섞습니다. 먹물을 도화지 위에 떨어뜨린 후 입김을 불어서 먹물이 퍼지도록 만듭니다.

2 매화나무의 큰 나무 몸체는 엄마가 불어서 만들고, 작은 가지는 아이가 만듭니다. 면봉에 물감을 묻혀 찍어서 매화나무의 꽃을 그립니다.

| 준비물 | 먹물, 빨대, 그림물감, 면봉, 도화지, 종이컵 |

완성한 매화나무 그림을
무늬 한지 위에 붙여서 족자나
병풍을 만들어도 좋습니다.

➡ 여러 색의 물감으로 불어 그린 그림

 응용해 보아요!

- 먹물 흘리기를 여러 방향으로 하면 작은 면이 생깁니다. 각 면에 여러 색의 물감을 칠하면 멋진 무늬가 만들어집니다.
- 붓펜을 이용하면 쉽게 그림을 그릴 수 있습니다. 동양재료인 한지와 붓펜을 이용하여 옛 그림을 따라 그려보세요.

요령 상자

- 너무 많이 불면 어지러울 수 있으므로 주의합니다.
- 먹물의 양이 충분히 있어야 잘 불어집니다. 흡수가 빠른 한지 같은 종이는 표현이 어렵습니다. 복사지와 같이 표면이 약간 매끈한 종이가 잘 불어집니다.
- 종이에 먹물을 한 방울 떨어뜨린 후 도화지를 원하는 방향으로 세워서 톡톡 치면 방울이 흐르면서 불기와 비슷한 효과를 낼 수 있습니다.

신기한 소금그림

소금의 거친 질감과 짠맛은 아이에게 강한 느낌을 줍니다. 물감 위에 소금을 뿌려보는 즐거운 놀이를 통해 소금이 물감을 흡수하면서 생기는 독특한 무늬를 감상할 수 있습니다. 흰 소금을 그냥 뿌리지 말고 흰 눈으로 연상하여 놀이해보세요.

놀이를 시작하기 전에

소금을 만져보고 느낌을 이야기해봅니다. 이제 소금으로 그림을 그려볼 거라고 말합니다. 물감물은 미리 만들어두는데, 물감의 색은 파랑, 보라, 검정 등 진한 색으로 만듭니다.

시작해보기

와~ 눈이 오네. 눈이 파란색으로 변했다!

1 도화지에 물감물을 일부분만 칠합니다. 이때 물기가 충분히 있어야 합니다.

2 그 위에 소금을 눈이라고 생각하고 뿌립니다.

3 나머지 부분도 다른 색으로 물감을 칠하고 소금을 뿌립니다. 물감이 완전히 마르면 소금을 털어냅니다.

| 준비물 | 꽃소금, 그림물감, 붓, 도화지 |

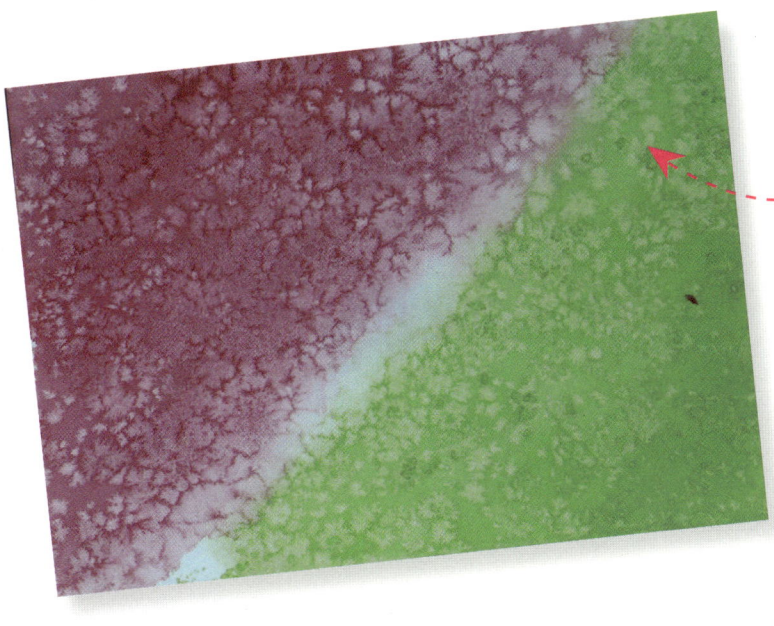

소금을 뿌리면서 어떤 무늬가 생기는지 관찰해봅니다.

▶ 소금으로 그린 땅속 모습

 응용해 보아요!

- 연령대가 높은 아이는 소금의 독특한 무늬를 이용하여 눈 오는 날 풍경이나 우주, 바닷속 풍경 등의 그림에서 배경을 색칠할 때 활용해봅니다.
- 소금 무늬를 만들고 종이를 여러 가지 모양으로 잘라서 모빌을 만들어보세요.

요령 상자

- 물감물은 엄마가 칠해주고 소금은 아이가 뿌리게 합니다.
- 물감물이 너무 많으면 소금이 녹아서 없어지고 물감물이 말라 있으면 효과가 나지 않습니다. 촉촉할 정도로 있어야 소금이 물감물을 흡수하면서 독특한 문양이 생깁니다.

우유팩에 그린 사계절

버리는 우유팩은 입체조형 재료뿐 아니라 평면 재료로도 활용할 수 있습니다. 우유팩을 다 펼치면 4면이 되는데 각 면을 활용해도 되고 한 장의 면으로 그림을 그려넣어도 좋습니다. 봄, 여름, 가을, 겨울의 사계절이 어떻게 다른지 아이의 경험을 토대로 그림으로 표현해보면서 계절감각을 길러봅니다.

놀이를 시작하기 전에

봄, 여름, 가을, 겨울, 사계절이 어떻게 다른지 이야기해봅니다. "봄 하면 무엇이 생각나지?", "여름에 우리는 무엇을 했지?" 등과 같은 질문을 통해 사계절을 하나씩 떠올려보게 하고 아이의 경험을 토대로 사계절의 특징을 이야기해보세요.

시작해보기

1 완전히 펼쳐서 깨끗하게 씻어 말려 둔 우유팩의 안쪽 필름을 벗겨내고, 각 면에 사인펜으로 밑그림을 그립니다.

2 먼저 배경을 파스텔로 색칠하고 중심 주제를 사인펜으로 대담하게 그린 후 색연필로 색칠합니다.

| 준비물 | 1,000㎖ 우유팩, 사인펜, 파스텔, 색연필 |

아코디언 모양으로 접어서 사계절 병풍으로 활용합니다.

 응용해 보아요!

- 지판화에 우유팩을 활용할 수 있습니다. 필름을 벗기지 않은 우유팩을 원하는 모양으로 자르고 그 위에 우유팩을 오려 덧붙입니다. 예를 들면, 우유팩을 물고기 모양으로 자른 후 눈과 비늘 모양을 몸체에 덧붙입니다. 롤러에 수채화 물감을 묻혀서 물고기 모양 위에 굴린 후 복사지를 덮어 찍어내면 똑같은 모양이 찍힙니다.

요령 상자

- 우유팩은 윗면과 밑면은 잘라버리고 넓은 가운데 면만 사용합니다.
- 우유팩의 필름을 벗겨내지 않으려면 유성매직으로만 색칠해야 합니다. 색연필이나 파스텔, 크레파스를 쓰려면 필름을 벗겨 종이 부분을 활용하세요.

내친구 눈사람

큰 동그라미, 작은 동그라미가 만나면 눈사람이 되지요. 기본 도형을 구성해보면서 다양한 사물의 형태 감각을 익힐 수 있습니다. 버리는 CD를 서로 연결하여 눈사람을 표현하고 눈사람의 특징을 꾸며봅니다.

놀이를 시작하기 전에

이 놀이는 눈이 오는 날 하기에 좋아요. 눈사람이 어떻게 생겼는지 이야기해봅니다. 눈사람의 몸체는 큰 동그라미, 얼굴은 작은 동그라미 모양이지요. 모자, 털목도리, 장갑 등 겨울에 필요한 물건들에 대해서도 이야기해봅니다.

시작해보기

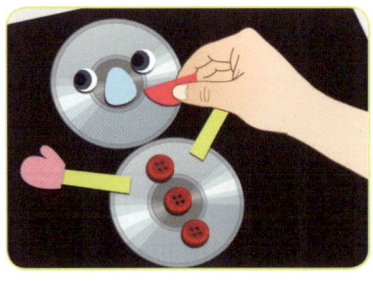
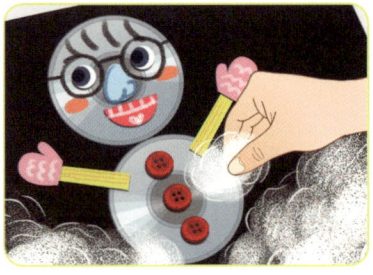

1 검은색 도화지에 CD 두 개를 양면 테이프를 이용해 눈사람 모양으로 붙입니다.

2 색종이로 모자를 그려서 오려붙이고, 인형눈, 색종이, 단추로 얼굴과 몸체를 꾸며줍니다.

3 흰색 물감을 묻힌 면봉을 검은색 도화지에 찍어서 눈이 오는 풍경을 표현하고, 솜으로 눈이 쌓인 모습을 만듭니다.

준비물 못 쓰는 CD 2개, 인형눈, 솜, 검은색 도화지, 크레파스, 단추, 색종이, 흰색 물감, 면봉

▶ 복실복실 북극곰

 응용해 보아요!

- 솜의 느낌과 양감, 질감을 이용하여 연상되는 것을 자유롭게 표현해보세요. 진한 색의 색종이에 크레파스로 눈사람을 그리고 솜을 붙여 표현해보거나 솜을 보고 연상되는 것, 예를 들면, 양이나 북극곰 등을 표현해보아도 좋습니다.

요령 상자
- CD는 은색 부분이 겉으로 나오도록 합니다.
- 모자, 털목도리, 장갑은 색종이보다 부직포를 이용하면 더 좋습니다.
- 눈사람은 흰색으로 표현되므로 배경종이는 어두운 색을 선택합니다.

사포 직조 그림

 6세 이상

사포는 일반적으로 사용하는 흰색 도화지와는 다르게 검은색이고 질감도 있어서 크레파스로 그림을 그릴 때 독특한 느낌과 질감을 표현해볼 수 있습니다. 결이 다른 사포를 잘라 끼워보면서 기초적인 직조를 알아보고, 또 결이 다른 두 장의 사포에 그린 그림이 어떻게 다른지 표현 특징을 감상해봅니다.

놀이를 시작하기 전에

결이 다른 사포를 두 장 준비한 다음, 사포를 손으로 만져보고 질감을 이야기해봅니다. 사포 위에 크레파스를 올려놓고 잘 보이는 색과 잘 보이지 않는 색을 고릅니다. 이제 사포 위에 동물 그림을 그려보자고 말하고, 동물도감이나 동물원에서 보았던 동물에 대하여 이야기를 나누어보세요.

시작해보기

1 사포 한 장은 일정한 두께로 길게 자르고 나머지 한 장은 같은 두께로 칼집만 냅니다.

2 막대 모양으로 자른 사포를 칼집 낸 사포에 끼워서 직조합니다. 한 칸은 위로, 한 칸은 아래로 지그재그로 끼워야 합니다. 다 끼우면 양쪽 끝이 빠지지 않도록 풀로 붙여 고정합니다.

3 직조된 사포 위에 흰색 크레파스로 동물을 그립니다. 배경에 새, 나무, 인물, 해 등도 그려넣습니다. 다른 색 크레파스로 색칠합니다.

| 준비물 | 결이 다른 사포 2장, 가위, 칼, 크레파스 |

결이 다른 사포가 주는 느낌을 감상해봅니다.

 응용해 보아요!

- 사포는 파스텔, 아크릴 물감으로도 채색이 잘 됩니다. 파스텔, 아크릴 물감으로 색칠한 사포를 원하는 모양으로 오려서 잘라붙인 후 연상 그림을 그려보세요.

요령 상자

- 사포는 천 사포보다는 종이 사포를 이용합니다.
- 사포의 결 굵기는 사포 뒤에 있는 번호로 알 수 있습니다. 번호가 클수록 결이 고운 사포 입니다.

계란껍데기 콜라주

계란껍데기는 입체적인 질감을 표현하기에 좋은 재료입니다. 공룡이나 악어, 코뿔소와 같이 질감이 있는 동물은 크레파스로 색칠하는 것보다 질감의 특징을 살려 표현하면 더 실감나게 표현할 수 있을 뿐 아니라 동물의 특징을 쉽게 인지할 수 있습니다.

놀이를 시작하기 전에

계란을 반으로 쪼갠 후 알맹이를 빼내고 껍질은 흐르는 물에 깨끗이 씻어 말립니다. 이때 계란껍데기 안쪽의 흰색 막을 벗겨냅니다. 계란껍데기 재료가 준비되었으면, 공룡은 어떤 동물인지 아이에게 참고사진을 준비하여 보여주고 특징을 알아봅니다.

시작해보기

1 도화지에 공룡의 얼굴과 몸체를 크레파스로 그립니다. 공룡의 거친 피부를 어떻게 표현하면 좋을지 이야기해봅니다.

2 공룡의 몸체 부분에 오공본드를 바른 다음 계란껍데기를 얹고 손으로 눌러 붙입니다.

3 세부적인 부분과 배경은 크레파스로 그리고 색칠합니다.

| 준비물 | 계란껍데기, 오공본드, 크레파스, 도화지 |

응용해 보아요!

- 계란껍데기를 붙이고 래커를 뿌리면 재미있는 효과가 생깁니다. 우드락을 액자 프레임 모양으로 자른 다음 계란껍데기를 붙이고 래커를 뿌려 사진액자를 만들어보세요.

요령 상자

- 계란껍데기는 미리 잘게 부수면 붙이기가 어렵습니다. 큰 덩어리째 도화지 위에 올려서 눌러 붙이는 것이 쉽습니다.
- 계란껍데기 안쪽의 흰색 막을 떼어내지 않으면 껍질이 잘 붙지 않습니다.
- 아크릴 물감은 계란껍데기 위에도 색칠할 수 있습니다.

한지 구성 놀이

우리나라 전통 한지는 서양 종이와 다른 질감과 느낌을 줍니다. 간단한 문양을 색한지로 꾸며 보면서 디자인 감각을 길러봅니다. 한지는 얇아서 완성한 작품을 창문에 붙여서 전시하면 스테인드글라스 작품처럼 아름다운 색을 감상할 수 있습니다.

놀이를 시작하기 전에

색색의 한지를 준비합니다. 색종이와 어떤 점이 다른지 찢어도 보고, 구겨도 보면서 탐색합니다. 또, 한지로 만든 작품을 보여주고 한지 고유의 특징을 느껴보게 하세요. 조각보가 있으면 조각보를 보여주고 다양한 색의 아름다움을 감상해봅니다. 한지로 조각보를 만들어보자고 제안하고 어떤 모양으로 만들면 더 재미있을지 아이의 생각을 들어봅니다.

시작해보기

1 아이가 원하는 모양으로 검은색 종이를 자르고 안쪽을 동그라미, 네모, 세모 등 간단한 모양으로 칼집을 내어 구멍을 만듭니다.

2 구멍 난 부분을 한지 위에 올린 후 연필로 따라 그립니다.

3 연필로 그린 모양보다 좀 더 크게 가위로 오리고 구멍 뒤에 풀로 붙입니다. 같은 방법으로 나머지 구멍도 모두 한지로 붙입니다.

준비물 구멍 뚫린 본, 색한지, 연필, 딱풀, 가위, 칼

창문에 붙여서 전시해보세요.
빛이 들어와 은은하게 비치는
한지의 멋을 감상해봅니다.

 응용해 보아요!

- 한지는 얇아서 풀로 접착이 잘 됩니다. 상자에 한지 찢어 붙이기, 한지 꼬기, 한지 염색하기 등 다양하게 활용해보세요.

요령 상자

- 모양 본은 칼을 사용해야 하므로 엄마가 만들어줍니다. 모양은 아이가 원하는 모양으로 합니다.
- 한지를 붙일 때에는 다양한 색을 사용하도록 하는데, 같은 색이 바로 옆에 겹쳐지지 않도록 합니다.

조물조물 점토 색칠놀이

> 4세 이상

점토는 주무르는 대로 모양이 쉽게 변하는 특성이 있는데, 이를 가소성이라고 합니다. 가소성이 높은 점토를 이용하여 원하는 모양을 만들어보면서 대소근육을 기르고 상상놀이로 자연스럽게 전환할 수 있습니다. 또, 어떤 모양이든지 물감으로 색을 칠해 장식하면 아름다운 조형물을 만들 수 있습니다.

놀이를 시작하기 전에

검은 봉지 안에 지점토를 넣어두고 손을 넣어 만져보게 합니다. 이번에는 봉지에서 꺼내어 손으로 직접 주물러봅니다. "와~ 빵이 되었네!", "소세지가 되었네!", "이불이 되었네!"와 같이 말하면서 아이가 주무르면서 만들어지는 모양을 보고 사물에 빗대어 상상해볼 수 있도록 자극을 줍니다.

시작해보기

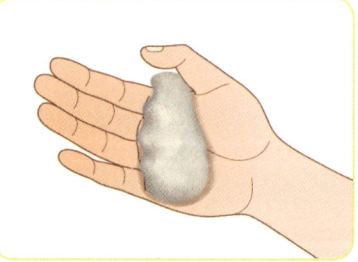 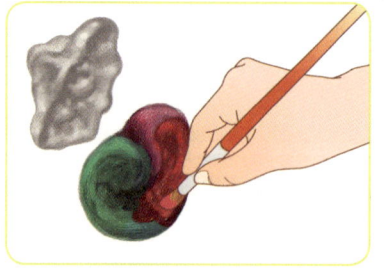

1 손에 넣고 길쭉하게 만들어보거나, 바닥에 놓고 두드려 납작하게 만듭니다. 충분히 탐색한 다음에는 손에 넣고 꽉 눌러서 그 모양 그대로 말립니다.

2 지점토가 마르면 색칠놀이를 해봅니다. 아크릴 물감으로 지점토를 색칠합니다. 한 가지 색으로 칠해도 되고 여러 가지 색으로 칠해도 됩니다.

준비물 지점토, 아크릴 물감, 유성펜

물감이 마르면 유성펜으로 여러 가지 무늬를 그려넣어도 좋습니다.

➡ 점토로 만든 액자

📖 응용해 보아요!

- 점토는 입체적인 조형물뿐만 아니라 평면 활동에도 사용할 수 있습니다. 점토를 조금 떼어 밀대로 밀어서 납작하게 만들고 간단한 모양의 꽃을 그립니다. 집에 있는 콩이나 팥 등으로 밑그림을 따라 눌러 붙이고 점토가 마르면 색칠합니다. 점토가 마르기 전에 뒷부분에 클립을 꽂으면 마른 후에 벽에 걸어 전시할 수 있어요.

요령 상자

- 지점토의 양은 아이가 한 손으로 잡을 수 있는 양보다 조금 많게 줍니다. 양이 너무 많으면 두 손으로도 벅찰 수 있고 너무 적으면 충분한 양감이 생기지 않아 상상놀이를 하기에 부족할 수 있습니다.
- 지점토를 처음 꺼내면 조금 단단할 수 있습니다. 엄마가 충분히 주물러 부드럽게 한 다음 비닐봉지에 넣어서 건네주세요.
- 지점토를 충분히 다루지 못하는 아이는 더 부드러운 밀가루 점토를 이용해도 좋습니다.

맛있는 과일책

즐겨 먹는 과일을 주제로 색이나 형태, 맛, 냄새 등을 관찰하면서, 개념적인 지식을 나열하는 것이 아닌 아이가 오감을 통해 느낀 것들을 솔직하게 표현하게 해보세요. 이 놀이를 할 때는 먼저 아이가 과일의 겉과 속을 충분히 관찰하고 먹어보게 하여 느낀 그대로를 표현할 수 있도록 합니다.

놀이를 시작하기 전에

봄, 여름, 가을, 겨울, 계절에 따라 볼 수 있는 과일의 종류를 알아봅니다. 실물과일을 준비하여 각 과일의 색과 모양, 맛, 냄새 등을 관찰합니다. 과일의 겉모습과 속모습을 비교해보고 무엇이 다른지 특징을 글로 써봅니다.

시작해보기

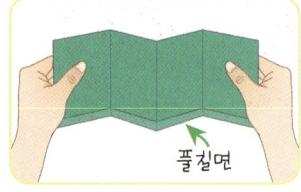

1 초록색 색지를 1cm 풀칠면을 남기고 반으로 접은 다음 그 상태에서 4등분 하여 지그재그 접습니다.

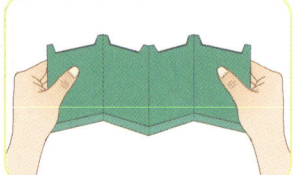

2 반 접은 면을 1cm 두께로 잘라냅니다. 같은 방법으로 네 면을 다 자릅니다.

3 흰 도화지를 반으로 접은 후 과일을 그려서 오려냅니다.

4 그림을 반으로 접은 후 반쪽만 풀칠하여 붙인 다음 남은 반쪽에 과일의 속모습을 그립니다.

과일의 모양, 색깔, 맛 등 특징을 글로 써넣고 초록색 색지에 끼워넣습니다.

5 노란색 머메이드지를 초록색 색지에 끼울 수 있도록 T자 모양으로 잘라 네 장을 만듭니다.

6 머메이드지가 빠지지 않도록 풀칠면에 풀칠하여 붙입니다.

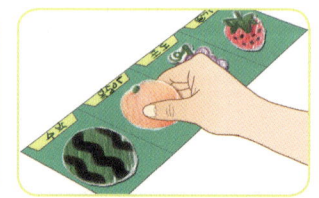

7 완성한 과일 그림을 속지에 각각 붙입니다.

8 골판지를 반으로 접고 속지의 첫 번째 페이지를 왼쪽 면에 붙입니다. 색점토로 표지를 장식합니다.

준비물 초록색 색지, 노란색 머메이드지, 도화지, 색연필, 사인펜, 여러 가지 과일, 골판지, 색점토

요령 상자

- 간단한 관찰지를 만들면 좋습니다. 즉, 종이에 과일의 겉모습, 속모습, 이름, 색깔, 맛, 향 등을 적어놓고 과일을 관찰한 후 이 관찰지에 직접 쓰도록 해보는 것입니다. 관찰지를 이용하면 책을 만든 후 바로 관찰지의 내용을 책에 옮겨 적음으로써 실수를 줄이고 시간도 절약할 수 있습니다.
- 과일책과 같은 형식을 풀탭북(Pull tab book)이라고 합니다. 즉, 숨어 있는 종이를 만들어 잡아당겨서 내용이 나오게 하는 방법입니다. 주제를 수수께끼 형식으로 표현할 때 사용하면 좋습니다.

나의 몸책

'팬북'의 형식을 이용하면 아이들도 쉽게 책을 만들 수 있습니다. 팬북이란 부채나 선풍기처럼 펼쳐지는 책을 말합니다. 유아기는 특히 인체에 관심이 많은 시기로, 신체기관을 탐색하면서 이름과 기능을 알아보고 팬북으로 표현해봅니다.

놀이를 시작하기 전에

눈을 감고 걸어보거나, 코를 막고 입으로만 숨을 쉬어보면서 눈이나 코, 입, 귀, 손을 쓸 수 없다면 어떨지 체험하여 우리 몸의 소중함을 느껴봅니다. 그런 다음 각 부분의 명칭을 종이에 쓰고 관찰 그림을 그려봅니다.

시작해보기

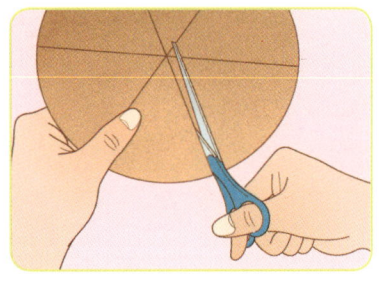

1 동그랗게 잘라낸 크라프트 보드지를 6등분으로 나누고 뾰족한 끝을 둥글게 가위로 자른 후 펀치로 구멍을 뚫습니다.

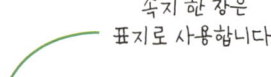
속지 한 장은 표지로 사용합니다.

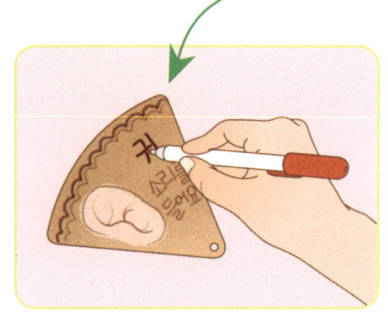

2 신체 각 부분의 그림을 오려붙이고 이름과 역할을 간단히 글로 씁니다.

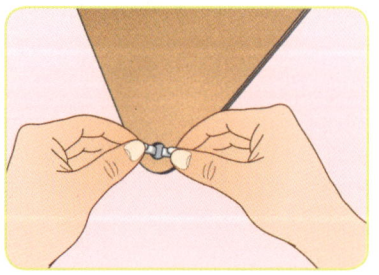

3 완성한 속지를 순서대로 모아서 구멍 안에 할핀을 끼우고 뒤집어서 빠지지 않도록 할핀을 양쪽으로 벌려줍니다.

4 할핀 사이에 장식 끈을 끼워서 묶고 예쁜 장식구슬을 끈 끝에 묶어서 장식해봅니다.

| 준비물 | 가위, 딱풀, 사인펜, 색연필, 장식구슬, 크라프트 보드지, 할핀, 펀치, 자료사진 |

표지에도 제목과
표지그림을 그려넣어 보세요.

 응용해 보아요!

- 팬북은 한 페이지씩 옆으로 넘겨가며 볼 수도 있고 전체를 펼쳐서 볼 수도 있습니다. 만 국기책처럼 종류가 많은 주제나 레시피책처럼 순서가 있는 주제에 활용하면 좋습니다.

요령 상자

- 그림 표현이 미숙한 아이는 잡지에서 해당 부분을 오려붙이게 합니다.
- 아이들의 글쓰기 수준은 다양합니다. 글을 전혀 쓰지 못하는 아이는 엄마가 글을 써주고 따라서 써보게 하거나 잡지에서 같은 글자를 찾아서 오려붙이도록 합니다. 긴 문장보다는 간단한 단어나 짧은 문장을 중심으로 써보도록 격려해주는 것이 좋습니다.

달콤한 물엿 그림

꽃은 아이가 쉽게 접할 수 있는 주제이며 표현방법도 다양합니다. 화가들은 꽃을 어떻게 표현했는지 감상해보고 물엿을 이용하여 아름다운 꽃을 쉽게 표현해봅니다. 이러한 활동은 표현의 폭을 넓힐 수 있으며 화가와 같은 작품을 만들어보면서 만족감과 자신감을 가질 수 있습니다.

놀이를 시작하기 전에

에밀 놀데의 작품을 보여주고 느낀 점을 이야기해봅니다. "무슨 꽃일까?", "어떻게 표현한 것일까?" 아이가 표현주제와 방법에 대해서 생각해볼 수 있도록 질문해보세요. 또, 꽃을 표현하는 방법에도 다양한 표현법이 있다는 것을 알려줍니다. 이제 에밀 놀데의 그림 같은 작품을 만들어보자고 제안합니다.

시작해보기

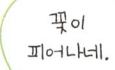

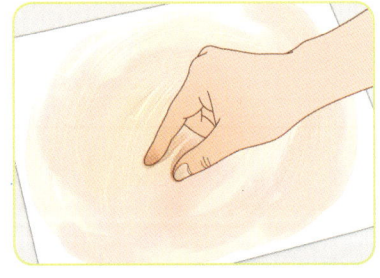
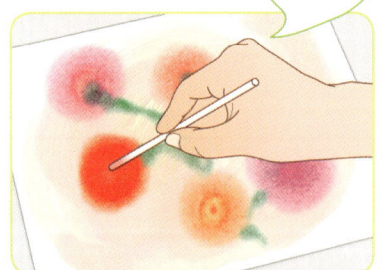
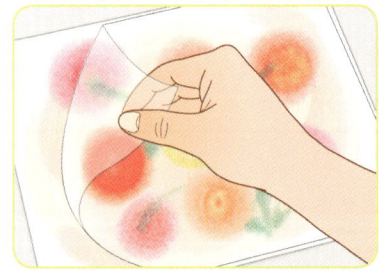

1 도화지에 물엿을 떨어뜨리고 손으로 물엿을 펼칩니다. 손으로 만지기 싫어하는 아이는 롤러나 두꺼운 종이를 이용하세요.

2 물에 타둔 여러 색깔의 물감물을 빨대 끝에 묻히고 도화지에 찍습니다. 퍼진 물감 안에 다른 색 물감을 더 찍어 넣어도 좋습니다.

3 물엿이 완전히 마르면 투명시트지를 붙입니다.

| 준비물 | 물엿, 도화지, 16절 크기의 투명시트지 1장, 물감물, 빨대 |

에밀 놀데의 꽃과 비교하여 감상해봅시다.

▶ 에밀 놀데의 '빨간 양귀비'

▶ 한지 그림으로 만든 화분

응용해 보아요!

- 한지를 여러 번 접은 다음 양쪽을 잘라서 꽃 모양으로 만듭니다. 한지를 물감물에 적셔서 염색을 한 후 펼치면 예쁜 꽃이 완성됩니다. 도화지에 화분이나 꽃병을 그리고 한지 꽃을 붙여서 꾸며보세요.

요령 상자

- 물엿은 8절지를 기준으로 어른 숟가락으로 한 스푼 정도면 충분합니다. 물엿을 펼칠 때는 고르게 펼치는 것이 좋으며 물엿의 두께는 1~2mm 정도면 충분합니다.
- 시간이 지날수록 물엿이 계속 퍼지므로 물감을 찍을 때 물감 사이를 조금 띄우는 것이 좋습니다.
- 물감의 양이 너무 많으면 물엿과 물감이 섞여 물감이 흐를 수 있으므로 빨대 끝에 콕 찍어서 조금만 사용하세요.

부직포 점묘화

점묘화의 대가인 쇠라의 작품을 감상하고, 색점을 이용한 면 표현과 색의 혼합을 알아봅니다. 쇠라는 물감으로 표현하지 못하는 색을 다양한 색의 색점을 섞어 찍고 멀리서 보면 색이 혼합되어 보인다는 사실을 발견한 화가입니다. 조형의 기본 요소이기도 한 점을 크레파스를 녹여 찍어 표현해보고 색의 혼합을 경험해봅니다.

놀이를 시작하기 전에

쇠라의 점묘화 작품을 준비하여 보여줍니다. 어떤 장면인지, 누가 무엇을 하고 있는 장면인지 생각해봅니다. 쇠라는 무수한 색점을 찍어서 표현한 화가라고 말해주세요. "쇠라처럼 점을 찍어서 그림을 그려보면 어떨까?" 하고 말하며 아이의 호기심을 자극해봅니다.

시작해보기

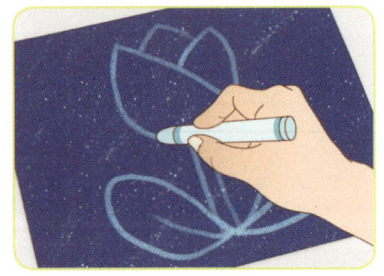 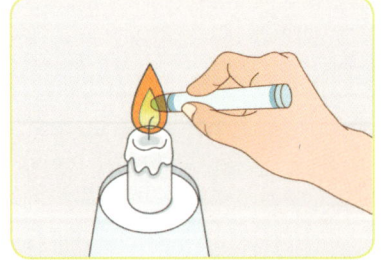 

1 부직포에 크레파스를 얹고 잘 보이는 색들을 골라냅니다. 그런 다음 부직포에 크레파스로 꽃이나 나비와 같은 간단한 밑그림을 그립니다.

2 뒤집은 종이컵에 양초를 꽂은 다음 불을 켜고 크레파스의 끝을 2~3초간 대어 녹입니다.

3 부직포에 그린 밑그림에 크레파스를 녹여 점을 찍듯 색을 채웁니다.

| 준비물 | 부직포, 크레파스, 양초, 종이컵 |

크레파스로 색칠할 때와
점으로 찍어서 표현할 때가
어떻게 다른지 이야기해봅니다.

▶ 쇠라의 '쿠르브부아의 다리'

응용해 보아요!

- 연령대가 낮은 아이는 불 사용이 위험하므로 면봉을 이용하여 물감 점찍기를 합니다.
- 눈 내리는 풍경을 표현해보는 것에서 시작하여 점을 찍어서 면을 나타내는 방법을 경험해봅니다.

요령 상자

- 부직포의 크기는 32절 정도로 작게 준비합니다.
- 크레파스의 종이껍질을 반 정도 벗겨내고 녹여야 종이가 불에 타는 것을 방지할 수 있습니다.
- 크레파스를 촛불에 오랜 시간 대고 녹이면 불이 붙거나 녹아서 흐를 수 있으므로 주의합니다.
- 손이 데일 수 있으므로 조각 크레파스는 사용하지 않습니다.

꼬마 북 만들기

5세 이상

아이들은 움직이거나 소리가 나는 활동을 매우 좋아합니다. 이런 활동은 아이의 호기심을 자극하는 데도 훌륭한 역할을 합니다. 다양한 폐품을 활용하여 악기를 만들면서 소리가 만들어지는 원리를 이해할 수 있습니다. 또, 여러 가지 물체에서 나는 소리의 차이를 느껴보는 활동은 청각이 예민하게 발달하는 데 도움을 줍니다.

놀이를 시작하기 전에

우리 생활 주변에서 소리가 나는 물건을 찾아봅니다. 냄비 뚜껑, 유리컵, 밥그릇, 쟁반 등을 이용해 소리 내보고 소리가 어떻게 다른지 알아맞히기 놀이를 해봅니다. 악기는 무엇인지 이야기해보고 북, 심벌즈, 탬버린 같은 아이와 친숙한 악기를 중심으로 만들어봅니다.

시작해보기

하드보드지는 단단하므로 엄마가 오려주세요.

  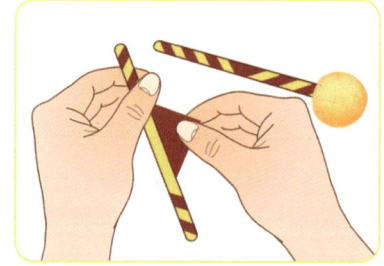

1 하드보드지에 사발면 용기를 뒤집어서 모양을 따라 그리고 가위로 오려냅니다. 색종이를 세모, 동그라미, 길쭉한 모양 등 자유롭게 오리고 동그란 하드보드지 위에 붙여서 장식합니다.

2 사발면 용기는 유성매직으로 색칠하거나 선, 도형 등을 그려서 꾸며주고, 장식을 한 하드보드지를 사발면 용기 입구에 글루건으로 붙입니다.

3 양면 색종이를 간격을 약간 띄우고 삼각형 모양으로 반 접은 다음 뒤집어서 나무젓가락을 끼우고 돌돌 말아 싼 후 풀로 고정합니다. 나무젓가락 한쪽 끝에 색볼을 붙여서 북채를 만듭니다.

준비물 사발면 용기, 하드보드지, 양면 색종이, 유성매직, 나무젓가락, 색볼

꼬마북 소리를 감상해보고 악기 연주놀이에 활용합니다.

▶ CD로 만든 심벌즈

 응용해 보아요!

- CD 위에 종이컵을 붙이면 심벌즈를 만들 수 있어요.
- 투명플라스틱컵이나 요구르트 용기에 쌀이나 콩을 넣으면 마라카스를 만들 수 있습니다. 다양한 악기를 만들고 가족음악회를 열어보세요.

요령 상자

- 꼬마북은 북채를 나무 부분으로 칠 때와 색볼을 붙인 부분으로 칠 때 소리가 다릅니다.
- 분유통처럼 울림이 가능한 폐품은 모두 북을 만들 수 있습니다.

야채 조형놀이

모양과 질감이 다양한 야채를 오감을 사용하여 탐색하고, 색과 모양을 보고 연상되는 사물을 창의적으로 표현해볼 수 있습니다. 또, 이 놀이를 하면서 아이는 음식으로 먹는 야채도 미술표현의 재료가 될 수 있음을 알게 됩니다.

놀이를 시작하기 전에

아이와 함께 시장에 가서 다양한 야채를 탐색합니다. "○○가 좋아하는 호박이네." 하면서 아이의 호기심을 끌고 다른 야채도 관심을 가지도록 이끕니다. 함께 사 가지고 온 무, 오이, 양파, 감자, 가지 등을 놓고 모양이 비슷한 것, 색이 비슷한 것으로 분류해보면서 무엇과 비슷한지 아이의 생각을 유도합니다.

시작해보기

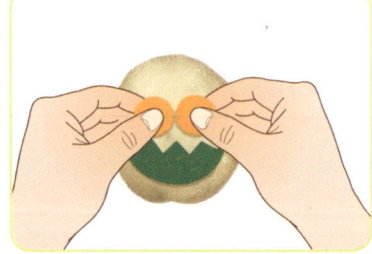

부분적으로 오려내거나 잘라야 하는 것은 엄마가 도와주세요.

1 동그란 야채는 사람이나 동물의 얼굴 등을 표현하기에 좋습니다. 무, 감자는 얼굴을 표현하고 긴 야채는 악어 같이 비슷한 형태의 동물 등을 연상하여 만들어봅니다.

2 야채의 형태를 살려 모양을 만들어 보고 눈은 인형눈으로, 코는 뽕뽕이로 표현하고 시침핀이나 이쑤시개, 성냥을 꽂아 꾸며줍니다.

| 준비물 | 무, 감자, 오이, 양파, 가지 등 야채, 인형눈, 시침핀, 성냥, 이쑤시개, 색볼(뽕뽕이) |

완성한 작품은 사진으로 남기고 남은 야채는 요리에 활용하세요.

 응용해 보아요!

- 미술놀이가 끝나고 남은 야채로 요리놀이를 해보세요. 각 재료의 색, 맛, 변화과정, 향 등을 접할 수 있으므로 아이의 오감을 자극하는 훌륭한 놀이가 됩니다. 칼을 사용하기 어려운 아이는 어느 정도 크기는 미리 잘라놓고 작게 자를 때 빵칼을 이용하여 직접 잘라 보게 합니다.

요령 상자

- 야채에 다른 야채나 재료를 붙일 때는 본드 대신 시침핀을 사용해야 놀이가 끝나고 요리에 사용할 수 있습니다.
- 야채의 형태를 크게 변형하지 말고 있는 모양 그대로를 최대한 활용합니다. 또, 만드는 주제가 실재와 똑같지 않더라도 특징만 표현하면 되므로 아이의 상상력을 인정해주세요.

석고 손뜨기

자신의 손을 그냥 보는 것과 물감으로 찍은 후 보는 것, 입체로 떠낸 후 보는 것은 느낌이 매우 다릅니다. 석고로 떠낸 나의 손은 훨씬 사실적이며 크게 보입니다. 손뜨기는 유아의 자아인식에도 좋은 영향을 주며, 점토를 이용하므로 피부를 통해 질감을 느껴볼 수 있습니다.

놀이를 시작하기 전에

아이에게 하나빼기나 묵찌빠 같은 가위, 바위, 보 놀이를 알려주고 가족들과 함께 놀이를 해봅니다. 놀이를 하면서 여러 가지 손 모양을 살펴보도록 합니다.

시작해보기

아이는 힘이 약하므로 엄마가 아이의 손가락을 한 개씩 눌러서 점토에 잘 찍히도록 도와줍니다.

그릇을 조금 흔들어 석고가 평평하게 되도록 해줍니다.

1 사발면 용기에 점토를 넣고 평평하게 폅니다. 점토를 가득 채우지 말고 4분의 3 정도만 채웁니다.

2 바위와 보 중 어떤 손 모양을 찍고 싶은지 손을 만들어봅니다. 점토에 손을 눌러서 모양을 만들고, 점토에서 조심조심 손을 떼어냅니다.

3 석고가루에 물을 넣고 나무젓가락으로 저어 걸쭉하게 만든 다음 점토 위에 붓습니다. 15~20분 정도 지나 석고가 굳으면 용기를 찢고 점토를 조심해서 떼어냅니다. 석고를 신문지 위에 놓고 하루 정도 더 말려 습기를 없앱니다.

| 준비물 | 사발면 용기, 흙점토 2개, 석고가루, 나무젓가락 |

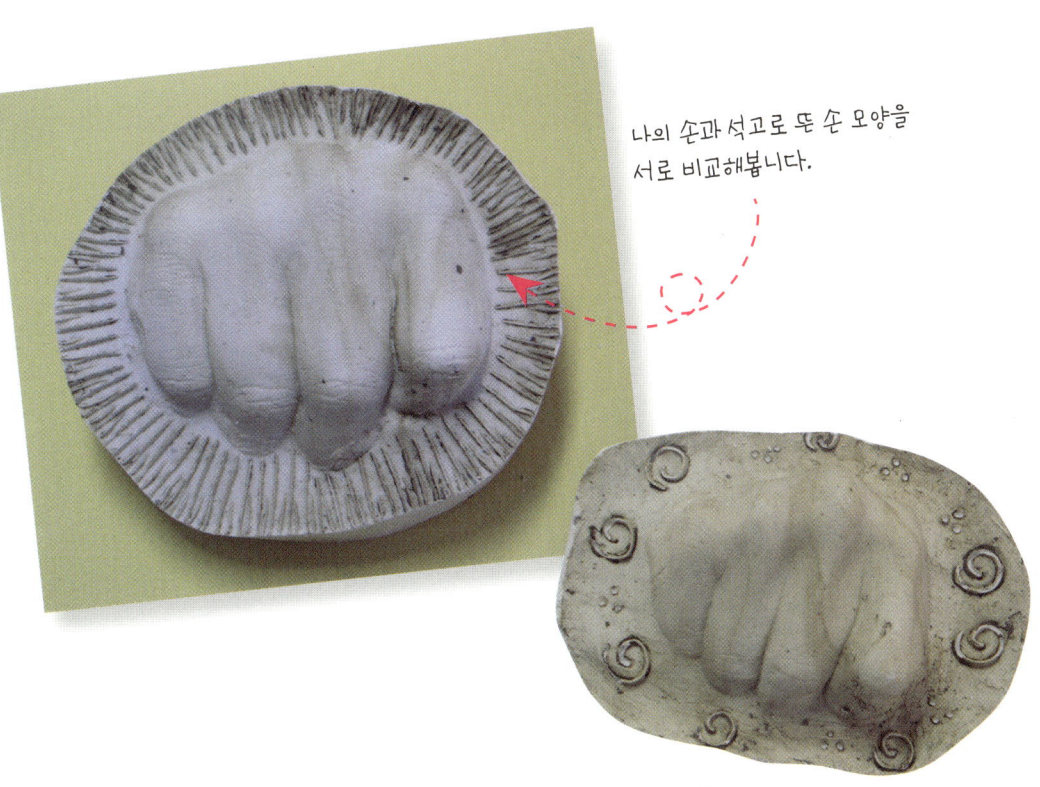

나의 손과 석고로 뜬 손 모양을 서로 비교해봅니다.

 응용해 보아요!

- 연령대가 낮은 아이는 점토를 두께가 있게 민 다음 손 모양을 찍고 점토를 그대로 굳혀서 래커를 뿌립니다.
- 석고 붕대를 이용하면 손 모양을 좀 더 입체적으로 떠낼 수 있습니다. 손에 크림을 바르고 석고 붕대를 물에 적셔서 손 위에 덧붙여 문지릅니다. 이때 손을 완전히 싸면 손을 뺄 수 없으므로 반 정도만 붙입니다. 석고 붕대가 약간 말랐을 때 손을 빼내고 완전히 말립니다. 아크릴 물감으로 색칠합니다.
- 발을 찍어도 재미있어요.

요령 상자

- 석고는 금방 굳으므로 반죽 후 곧바로 부어야 합니다.
- 끈을 달고 싶으면 미리 용기에 위를 표시해두고 석고가 굳기 전에 끈을 넣어둡니다.
- 석고가 굳은 후 금색 래커를 뿌리면 더 멋진 작품이 만들어집니다.

우유팩으로 배 만들기

 6세 이상

간단한 원리를 이용하면 움직이는 배를 만들 수 있습니다. 배는 다른 교통수단과 어떻게 다른지 비교하여 특징을 알아보고 폐품인 우유팩을 이용하여 만들어봅니다. 완성한 배를 물에 띄워 놀이에 활용하면 아이는 조형에 대한 관심이 더 커지게 되며 놀잇감 만들기에 관심 갖게 됩니다.

놀이를 시작하기 전에

여러 가지 교통수단에 대해서 알아보고, 바다에서 탈 수 있는 교통수단인 배의 특징을 알아봅니다. 무엇으로 배를 만들면 좋을지 이야기해보고, 우유팩으로 움직이는 배를 만들어서 물에 띄워보자고 해보세요.

시작해보기

1 우유팩을 반으로 자르고 시트지를 붙인 후 다른 색 시트지로 꾸며줍니다. 또 다른 우유팩은 입구 부분을 잘라내고 전체를 시트지로 싼 후 다른 색 시트지로 꾸밉니다.

2 입구를 잘라낸 우유팩에 밑면에서 4cm 정도 위에 구멍을 뚫고 빨대를 끼워넣습니다. 그런 다음 구멍 주위를 완전히 막아줍니다.

3 빨대를 끼운 우유팩을 반으로 자른 우유팩에 붙입니다. 이때 빨대가 배의 뒤쪽으로 나오도록 합니다.

4 모루를 감아 배에 붙여서 장식하고 종이컵, 남은 우유팩 등으로도 배를 꾸며줍니다.

준비물 1,000㎖ 우유팩 2개, 시트지, 모루, 종이컵, 빨대

완성한 배를 물에 띄우고 우유팩 안쪽에 물을 부으면 빨대로 물이 나오면서 배가 앞으로 나아갑니다. 목욕탕이나 수영장에서 누구 배가 빨리 가는지 경주해보세요.

▶ 스티로폼 접시로 만든 배

응용해 보아요!

- 휠의 원리를 이용하면 스티로폼 접시로도 쉽게 움직이는 배를 만들 수 있습니다. 스티로폼 접시에 종이컵을 붙이고 사람을 그려서 오려붙입니다. 접시의 한쪽을 네모 모양으로 잘라낸 다음, 자른 조각을 조금 더 작게 자르고 고무줄을 사이에 끼워서 잘라낸 부분에 붙입니다. 스티로폼 조각을 돌려 감고 물 위에 놓으면 조각이 돌아가면서 움직입니다. 접시 배는 최대한 가볍게 만드세요.

요령 상자

- 우유팩 배를 물에 띄우려면 종이 대신 시트지를 붙여야 나중에 떨어지지 않습니다.
- 빨대가 밖으로 나와야 물이 밖으로 빠져서 움직일 수 있습니다.

투명 물고기 만들기

OHP 필름은 투명하므로 이중으로 겹쳐지는 이미지를 표현할 수 있습니다. OHP 필름을 물고기 모양으로 자르고 무늬를 꾸며서, 겹치면서 생기는 이미지를 관찰해보세요. 아이가 무척 즐거워한답니다. 또, 완성한 물고기는 모빌로 활용해 장식하기에도 좋습니다.

놀이를 시작하기 전에

OHP 필름을 살펴보면서 종이와 어떻게 다른지 이야기해봅니다. OHP 필름을 신문지나 잡지 위에 대보고 투명하게 보이는 OHP 필름의 특징에 주목하도록 합니다. 그리고 OHP 필름을 이용해 속이 들여다보이는 물고기를 만들어보자고 제안해보세요.

시작해보기

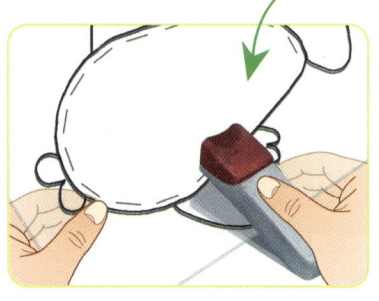
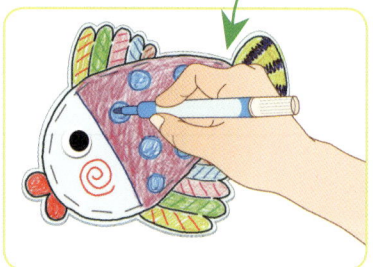
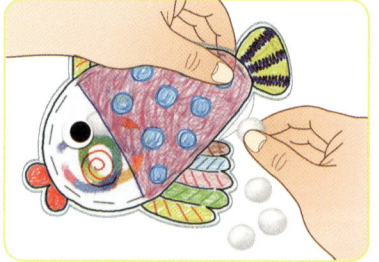

1 OHP 필름 위에 유성매직으로 물고기 모양 밑그림을 크게 그립니다. 그리고 OHP 필름 두 장을 겹쳐놓고 그려놓은 물고기 모양을 따라 스테이플러로 돌아가며 찍습니다.

2 외곽선을 따라 OHP 필름을 잘라내고 유성매직으로 물고기의 앞과 뒤에 무늬를 그려넣어 꾸며줍니다. 간단한 선이나 도형 등을 그리거나 비늘 모양을 그립니다.

3 남겨놓은 틈으로 볼스티로폼과 털실 등을 물고기 몸체 안에 넣고 스테이플러로 모두 찍습니다.

준비물 OHP 필름 2장, 스테이플러, 볼스티로폼, 털실 조각, 인형눈, 낚싯줄, 유성매직

완성한 물고기에 낚싯줄을 묶어서 모빌로 장식해봅니다.

 응용해 보아요!

- OHP 필름의 투명한 성질을 이용해보세요. 예를 들면, 아빠 얼굴 위에 OHP 필름을 얹은 후 눈, 코, 입을 따라 그려서 아빠의 얼굴을 쉽게 표현해볼 수 있습니다.

요령 상자

- 볼스티로폼은 물고기 몸 안에서 굴러다닐 수 있을 만큼만 넣습니다.
- 스테이플러를 사용할 때 손이 다치지 않도록 주의합니다.

사고력 탄탄 미술놀이

유아기의 미술 활동은 다양한 재료와 미술도구를 이용하여 자신의 생각이나 느낌을 표현합니다. 또, 주변 환경을 탐색하고 경험한 것을 바탕으로 사물을 표현하게 되지요. 탐색과 표현 과정에서 아이들은 문제에 부딪히게 되는데, 이를 해결하기 위해 다양한 방법을 시도해보게 되고 머릿속으로 구상한 것을 직접 실천해보기도 합니다. 이 과정에서 지적인 인지영역이 넓어지고 사물을 이해하는 지각능력이 발달합니다.

도형 색종이로 새 꾸미기

동그라미, 네모, 세모, 이 세 가지 도형은 모든 사물의 기본 모양입니다. 아이들은 처음에 동그라미에서 시작하여 네모, 세모를 그릴 수 있고, 점차 복잡한 도형을 그릴 수 있게 됩니다. 사물의 모양을 도형으로 인지하고 표현해보면서 도형지각능력과 사고력을 높일 수 있습니다.

놀이를 시작하기 전에

잡지에서 여러 사물의 사진을 오리고, 그 중 하나를 골라 어떤 모양이 숨어 있는지 찾아보게 합니다. 예를 들면, 병아리에서는 작은 세모(부리), 큰 동그라미(몸체), 작은 동그라미(머리), 긴 네모(다리)를 찾을 수 있지요. 이제 색종이를 동그라미, 네모, 세모로 잘라 준비하는데, 도형의 크기도 몇 가지 만듭니다. 도형 색종이가 준비되었으면 아이와 함께 새의 특징에 대하여 이야기해보고, 도형으로 새를 만들어봅니다.

시작해보기

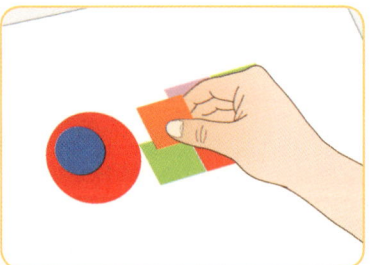

1 도화지에 큰 동그라미를 붙여서 새의 머리를 표현합니다.

2 새의 몸체는 네모를 이용합니다. 만약 머리 부분보다 큰 네모가 없다면 어떻게 만들 수 있을까 생각해보게 합니다. 예를 들어, 네모 네 개를 합치면 더 큰 네모가 되지요.

3 작은 세모 두 개를 붙여서 부리를 표현하고, 네모와 세모를 이용하여 새의 날개와 꼬리를 표현합니다.

| 준비물 | 색종이, 도화지, 가위, 풀 |

응용해 보아요!

- 연령대가 낮은 아이는 동그라미, 세모, 네모 모양의 사물 찾기 놀이를 합니다. 집에 있는 물건 중에서 네모난 물건, 동그란 물건 등을 찾아보게 하고 찾은 수만큼 모양 스티커를 붙여줍니다.
- 간단한 사물 사진을 이용하여 같은 모양으로 분류하기, 크기별로 순서 만들기, 숫자 세기 등의 놀이를 해봅니다.

요령 상자

- 복잡한 구조의 사물이나 동물은 아이가 이해하기 어렵습니다. 간단하면서도 아이가 좋아하는 주제로 접근해주세요. 예를 들어, 나무는 긴 네모와 동그라미로, 버스는 긴 네모와 작은 동그라미 네 개로 만들 수 있습니다.
- 도형 색종이를 도화지에 놓고 모양을 만든 후 마음에 들면 풀로 칠해서 고정합니다. 또는 도형 색종이를 코팅하고 뒤에 찍찍이를 붙여서 여러 가지 사물을 마음껏 표현해보게 해도 좋습니다.

딸기가 좋아

아이가 좋아하는 과일을 소재로 하면 색과 형태 인지 놀이를 쉽게 할 수 있습니다. 과일을 관찰하고 만져보고 먹어보고 냄새 맡아보면서 과일의 특징을 알아봅니다. 아이들이 좋아하는 과일인 딸기를 면봉을 이용하여 점과 선으로 표현해보면서 눈과 손의 협응력과 집중력을 기릅니다.

놀이를 시작하기 전에

수수께끼 놀이를 해봅니다. 먼저 과일이라는 것을 알려주고 특징을 잡아 문제를 냅니다. "나의 몸은 빨간색입니다, 나는 초록색 모자를 썼어요, 나의 몸에는 작은 씨가 붙어 있어요. 나는 누구일까요?" 딸기를 보여주고, 냄새도 맡아보고, 반으로 잘라도 보고, 먹어도 보면서 특징을 이야기해봅니다.

시작해보기

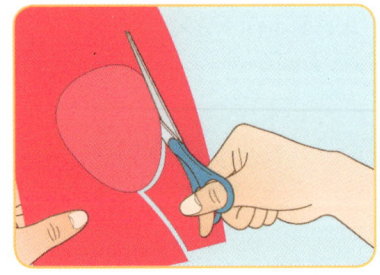

1 빨간색 색지에 딸기의 모양을 그리고 오려냅니다. 그리기에 어려움이 있는 아이는 엄마가 미리 딸기 모양을 오려두어도 좋아요.

2 딸기 꼭지를 잘 관찰하고, 면봉에 초록색 물감을 묻혀서 선으로 그려봅니다.

3 딸기의 몸에 있는 씨는 면봉에 흰색 물감을 묻혀 콕콕 찍어서 표현합니다.

준비물 빨간색 색지, 면봉, 그림물감

어떤 딸기가 맛있게 표현되었는지 감상합니다.

 맛있는 도넛

응용해 보아요!

- 색지를 동그란 도넛 모양으로 오리고 다양한 도넛을 만들어보세요. 초콜렛은 면봉에 물감을 묻혀 콕콕 찍어도 되고, 딸기잼은 물감을 짜서 표현하고, 물풀을 칠하고 그 위에 설탕을 뿌려도 재미있어요.
- 연령대가 높은 아이는 색점토를 가지고 색과 모양의 특징을 살려서 여러 과일을 입체적으로 만들어보세요.

요령 상자

- 딸기의 크기는 아이의 손바닥 크기로 오립니다. 완성한 딸기는 시장놀이에 활용해 보세요.

콕콕콕 호일접시 그림

5세 이상

조형의 기본요소는 점, 선, 면입니다. 아이들이 추상적으로 느낄 수 있는 조형요소를 호일접시를 이용하여 재미있게 표현해볼 수 있습니다. 점이 모여 선이 되고, 면이 만들어지는 과정을 이해할 수 있으며, 정해진 선을 따라 점을 찍어 표현해보면서 신체 조절력을 기릅니다.

놀이를 시작하기 전에

호일접시를 만져보고, 두드려 소리도 들어보면서 종이와 어떻게 다른지 탐색하는 시간을 가져본 다음 호일접시 그림 그리기 놀이를 시작합니다.

시작해보기

아이가 직접 그려도 좋고 엄마가 그려도 좋습니다. 최대한 단순하게 그리세요.

콕콕콕, 곰이 나타나네~

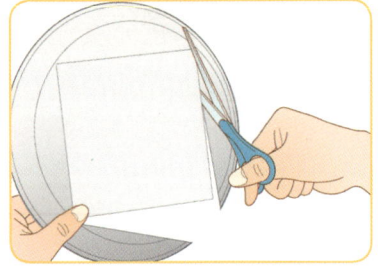
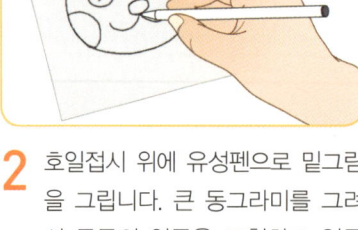

1 호일접시의 가장자리를 가위로 잘라냅니다. 접시의 끝이 날카로우니 주의합니다.

2 호일접시 위에 유성펜으로 밑그림을 그립니다. 큰 동그라미를 그려서 동물의 얼굴을 표현하고 얼굴 위에 귀를 그려넣은 후 눈과 입을 그립니다.

3 호일접시를 우드락 위에 붙이고, 못이나 송곳으로 선을 따라 누릅니다. 못으로 누르는 것은 엄마가 시범을 보여주세요. 완성한 호일접시는 우드락에서 떼어냅니다.

준비물 호일접시, 못 또는 송곳, 우드락, 유성펜, 가위

작품을 창문에 붙이면 구멍 사이사이 빛이 들어와 곰이 더 잘 보여요.

▶ 호일 그림으로 그린 꽃

 응용해 보아요!

- 투명한 병에 완성한 호일접시 그림을 붙이고 안에 촛불을 넣으면 멋진 전등이 됩니다. 병 전체를 호일접시로 붙이기는 어려우므로 몇 개의 조각으로 나누어 간단한 무늬를 넣은 후 모자이크 하듯이 연결하여 붙입니다.

요령 상자

- 호일접시가 두껍다면 쿠킹호일로 해도 괜찮습니다. 단, 쿠킹호일은 너무 얇으므로 우드락에서 떼어내지 말고 그대로 전시합니다.
- 그림 주제는 아이가 관심 있는 것으로 하되 꽃, 나비, 동물, 집 등 간단하게 표현할 수 있어야 합니다.
- 점의 구멍이 너무 크거나 작지 않도록 적당한 굵기의 못을 사용하세요.

아이스크림 막대 그림판

6세 이상

일상생활에서 버려지는 폐품도 훌륭한 미술놀이 재료가 될 수 있습니다. 아이가 즐겨 먹는 아이스크림 막대를 버리지 말고 모아두었다가 서로 엮어 연결하면 멋진 나무그림판이 됩니다. 종이가 아닌 나무 위에 그려보는 경험은 다양한 표현을 이끌어낼 수 있어서 사고력 향상에 도움이 됩니다.

놀이를 시작하기 전에

종이가 없었던 시절에 사람들은 어디에 그림을 그렸을까 생각해봅니다. 옛날에는 나뭇잎, 대나무, 비단천 등에 그림이나 글을 썼지요. 그 중에서 대나무를 쪼개어 엮어서 만든 '죽간'이라는 책을 보여주고, 우리도 옛날 사람처럼 막대를 엮어서 죽간을 만들어보자고 합니다. 대나무 대신 아이스크림 막대를 사용해야 하니, 그 전에 미리 깨끗이 씻어서 잘 모아둡니다.

시작해보기

막대의 순서대로 모두 같은 방법으로 묶습니다.

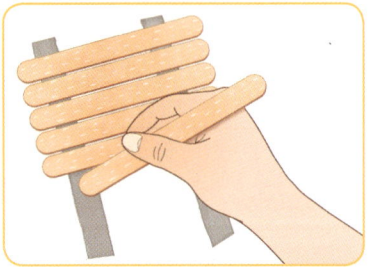

1 종이테이프에 아이스크림 막대를 원하는 개수만큼 붙여서 움직이지 않도록 합니다. 연필로 조그맣게 숫자를 순서대로 써놓습니다.

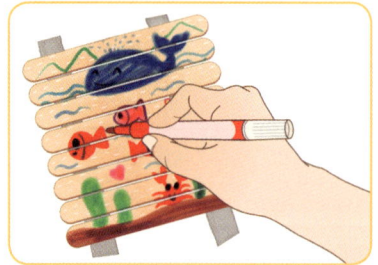

2 만약 시원한 바다를 그린다면 물고기, 고래, 오징어, 불가사리 등 바다에서 볼 수 있는 것을 막대 위에 유성매직으로 그립니다. 먼저 밑그림을 그린 다음 색칠합니다.

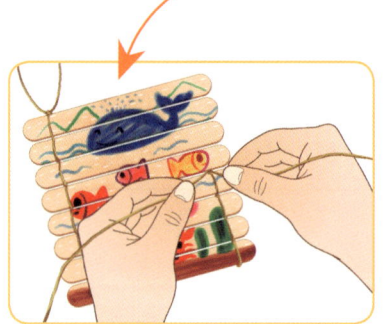

3 그림을 다 그리면 종이테이프에서 1번 막대부터 떼어내어 엄마와 함께 끈으로 묶습니다. 아이가 막대를 잡고 엄마가 막대의 양쪽 끝을 끈으로 묶어서 올라갑니다.

| 준비물 | 아이스크림 막대, 가는 털실, 유성매직, 종이테이프 |

➡ 아이스크림 막대로 표현한 도형들

 응용해 보아요!

- 아이스크림 막대를 색색의 아크릴 물감으로 색칠하고 세모, 네모, 오각형 등의 모양으로 붙여서 막대 모빌을 만들어봅니다.

요령 상자

- 아이스크림 막대는 재활용해도 되고, 시중에서 판매하는 것을 사용해도 좋습니다.
- 아이스크림 막대가 좁다면 '압설자'라는 나무로 된 일회용 의료용품을 사용해보세요.

물고기 뱃속 탐험

유아기에는 본 것뿐 아니라 알고 있는 사실을 그림으로 그리는 투시적 표현을 합니다. 다시 말해, 보이지 않는 부분까지 그림으로 그리는 것이지요. 투시적 표현을 유도하는 미술놀이는 아이의 상상력을 이끌어내고 사고력도 높여줍니다.

놀이를 시작하기 전에

'물고기 뱃속에 들어가 본다면?'이라는 주제로 아이와 이야기를 나누어봅니다. 뱃속에 무엇이 있을지 상상해보세요. 동화를 들려주어도 좋은데, 동화의 결말을 알려주지 말고 물고기 뱃속에 들어가 주인공이 어떻게 되었는지 상상하여 그려보게 해도 좋습니다.

시작해보기

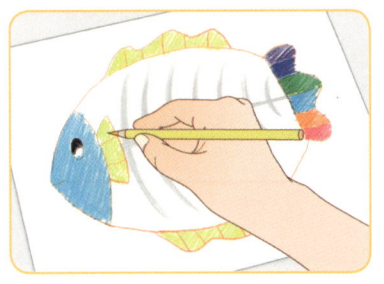  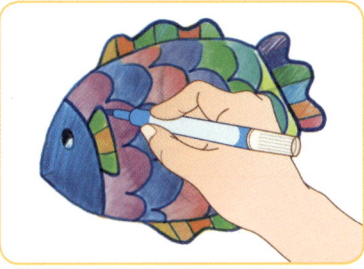

1 도화지에 물고기 모양을 그리고, 물고기 뱃속을 상상하여 사인펜으로 그린 다음, 색연필로 색칠합니다.

2 OHP 필름을 물고기 그림 위에 얹고 검은색 유성매직으로 물고기 모양을 똑같이 따라서 그린 다음 종이와 함께 오려냅니다.

3 오려낸 OHP 필름 위에 물고기 비늘을 그리고 여러 가지 색의 유성매직으로 물고기의 몸체를 색칠한 다음 양면테이프로 고정합니다.

준비물 OHP 필름, 도화지, 유성매직, 사인펜, 색연필, 가위, 투명테이프

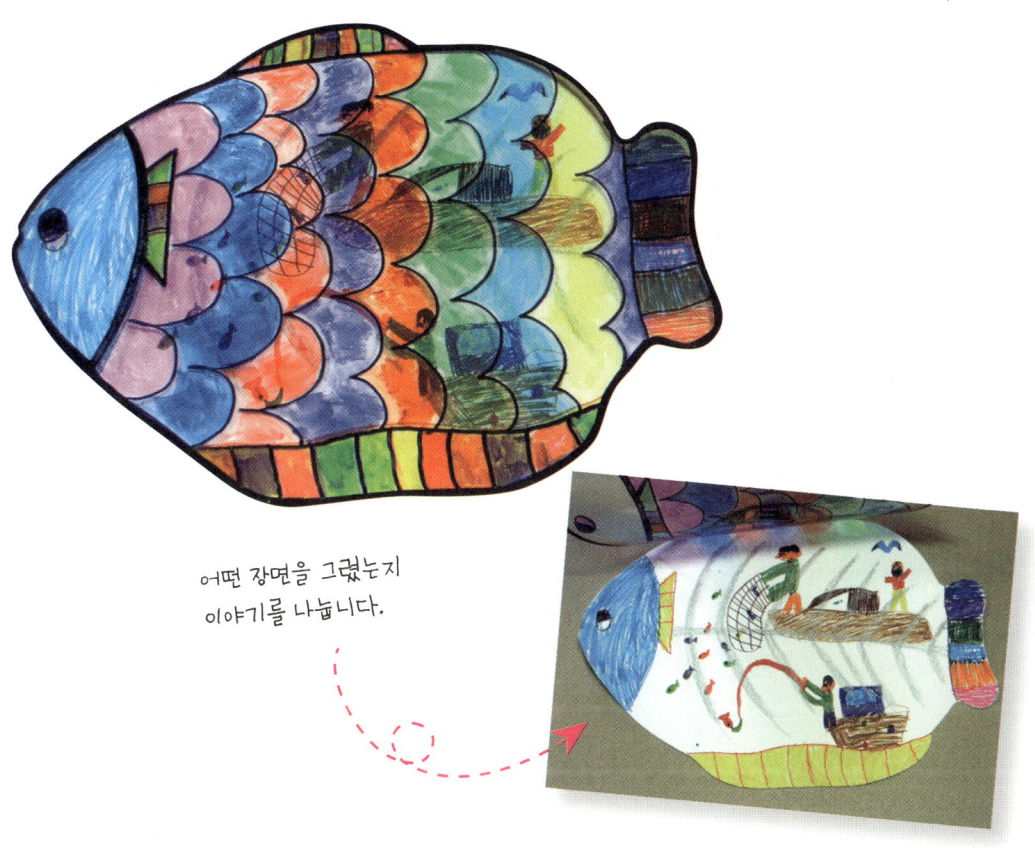

어떤 장면을 그렸는지 이야기를 나눕니다.

 응용해 보아요!

- 땅속 그리기, 바닷속 그리기, 자동차 안 등을 주제로 투시적 표현을 이끌어주세요.

요령 상자

- 아이의 생각을 인정하고 격려해주되 단순한 이야기의 경우 구체적인 질문을 통하여 생각을 이끌어냅니다. 예를 들어, 아이가 "물고기 뱃속에서 호랑이를 만났어요."라고 하면 엄마는 "호랑이는 왜 물고기 뱃속에 있었을까?", "둘이서 무엇을 했니?"처럼 다양한 상상을 유도합니다.

동물 연상 스텐실

이 시기의 아이들은 사물을 똑같이 그리기보다는 특징을 잡아 표현하는 경향이 강합니다. 그러므로 사물을 정확하게 그리는 연습보다 자신의 생각이나 느낌을 표현해보도록 하는 것이 더 좋습니다. 여기서는 스텐실 기법으로 동물의 얼굴 모양을 만들고 연상되는 동물을 생각하여 특징을 살려 표현해봅니다.

놀이를 시작하기 전에

여러 가지 동물 사진을 준비한 뒤 동물의 머리만 보여주고 무슨 동물인지 알아맞혀보게 합니다. 아이가 잘 알지 못하면 소리나 동작, 생김새 등 힌트를 주어도 좋습니다. 어떤 동물을 가장 좋아하는지 이야기해보고 동물의 소리나 움직임을 흉내 내어봅니다.

시작해보기

아이가 직접 그려서 오리기는 어려우므로 엄마가 만들어주세요.

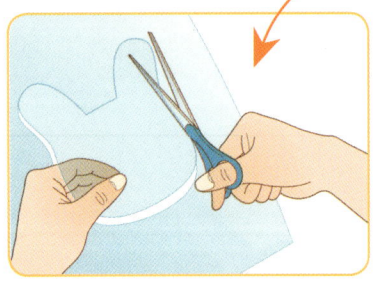

1 OHP 필름에 동물의 머리 모양을 최대한 간단하게 그리고 가위로 오려냅니다.

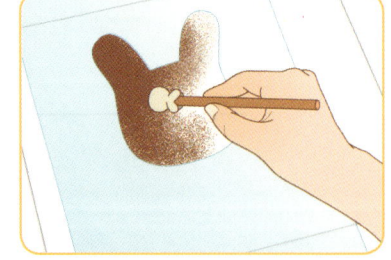

2 흰색 타일 위에 머리 모양의 구멍이 뚫린 OHP 필름을 올려놓고 물감을 묻힌 스펀지를 두드려 색을 칠한 후 필름을 다시 떼어냅니다.

3 어떤 동물일지 상상하여 유성매직으로 몸체와 꼬리, 얼굴의 특징을 살려 그립니다. 동물의 몸체를 유성매직으로 색칠하고 동물 주변에 꽃, 나무, 사람 등을 그려넣습니다.

준비물 타일, OHP 필름, 아크릴 물감, 스펀지, 나무젓가락, 유성매직

타일에 그린 그림을 보고 재미있는 이야기를 만들어보세요.

 응용해 보아요!

- 타일 모자이크 그림을 만들어보세요. 타일 여러 장을 모아서 밑그림을 그린 후 한 장씩 나누어 색칠합니다. 완성된 타일을 다시 맞추면 재미있는 그림이 된답니다.

요령 상자

- 나무젓가락 끝에 스펀지를 감싸고 투명테이프로 고정하면 스펀지 막대를 만들 수 있습니다.
- 타일에는 아크릴 물감과 유성매직만 색칠이 가능합니다.
- 동물의 몸체를 그려야 하므로 머리를 타일 중앙에 색칠하지 않도록 주의합니다.

포장박스 그림

네모 모양의 스케치북에서 벗어나 펼친 박스의 안쪽에 그림을 그리면 박스 모양에 따라 아이들의 생각이 달라집니다. 또, 박스의 일부분을 뜯어내거나 박스를 여러 가지 모양으로 잘라가며 표현을 해보아도 좋습니다. 다양한 화지(그리기 종이)를 제시하는 것은 개념적인 표현을 벗어나 아이들의 상상력을 키우는 데 도움을 줍니다.

놀이를 시작하기 전에

포장용 박스를 펼칩니다. 박스를 손으로 만져보고 크레파스로 자유롭게 색칠도 해봅니다. 박스의 일부분을 손으로 뜯어내보아도 좋습니다. 박스를 원하는 모양으로 자릅니다. 박스 위에 봄에 관한 그림을 그리기로 하고, '봄' 하면 생각나는 것을 이야기하면서 엄마가 글로 받아씁니다.

시작해보기

1 박스 위에 사인펜이나 크레파스로 꽃, 나비, 봄나무 등 봄과 관련하여 생각나는 것을 그립니다.

2 작은 부분은 크레파스로 색칠하고 배경은 물감으로 색칠합니다.

| 준비물 | 포장박스, 크레파스, 그림물감 |

스케치북에 그린 것과 어떻게 다른지 그림을 감상해봅니다.

 응용해 보아요!

- 늘 책상에 앉아 작은 종이에만 그리지 말고 냉장고 박스와 같이 큰 박스를 이용하여 모둠별로 자유롭게 물감뿌리기, 찍기, 색종이 붙이기 등 자유롭게 낙서 놀이로 접근하면 표현에 자신 없는 아이도 즐겁게 참여할 수 있습니다.

요령 상자

- 박스는 펼쳤을 때 십자 모양과 같이 네모가 아닌 모양이 좋습니다. 네모 모양일 경우에는 일부분을 잘라내어 재미있는 모양을 만들거나 박스를 길게 잘라 다양한 모양을 제시합니다.
- 박스를 뜯어낼 경우 뜯어내지 않은 부분에 그림을 그립니다.
- 과자박스도 크기가 작고 모양이 다양하여 활용해보면 좋습니다. 박스는 모두 안쪽에 무늬가 없는 쪽을 사용합니다.

입체그림 그리기

 6세 이상

사물은 보는 방향에 따라 달라지지요. 사물을 한 방향이 아니라 여러 측면에서 관찰하게 해봄으로써 입체적이고 전체적인 시각으로 볼 수 있게 되고, 관찰력도 기를 수 있습니다. 중요한 것은 관찰하는 대상을 똑같이 그리는 것이 아니라 대상의 특징을 찾아 아이의 생각대로 그리는 것입니다.

놀이를 시작하기 전에

엄마의 얼굴을 관찰하는 시간을 갖습니다. 정면, 측면, 후면 등 모든 면을 돌아가며 관찰하면서 얼굴이 어떻게 달라지는지 이야기해봅니다. 이제 엄마의 얼굴을 앞에서 본 모습, 뒤에서 본 모습, 양옆에서 본 모습, 위에서 본 모습으로 나누어 그려볼 거라고 말해줍니다.

시작해보기

얼굴의 형태,
눈, 코, 입의 특징,
머리 등을 그립니다.

1 티슈상자의 각 면마다 붙이기 위해 면 크기에 맞춰 흰 종이를 자릅니다. 다섯 장의 종이에 각각 앞, 왼쪽, 오른쪽, 뒤, 위에서 본 엄마의 모습을 그립니다.

2 각각의 그림을 위치에 주의하며 상자에 붙입니다.

| 준비물 | 정사각형 티슈상자, 흰 종이, 검은색 색연필, 간단한 모양의 정물 |

상자를 굴려가며 정면, 측면, 위에서 본 모습이 어떻게 다른지 감상해 봅니다.

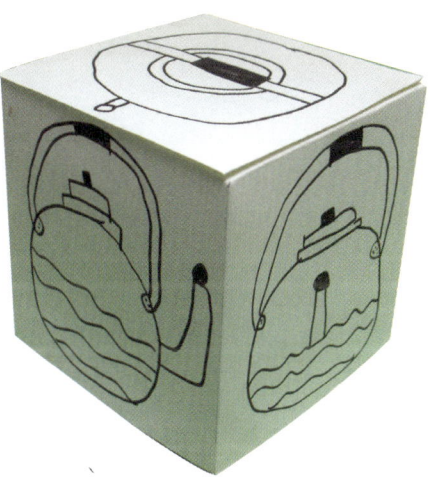

 응용해 보아요!

- 정면, 측면 등 여러 면을 한 화면에 그린 화가가 바로 피카소입니다. 피카소의 작품을 보고 각 면의 얼굴 모양을 찾아보세요.

요령 상자

- 인물 외에도 주전자, 컵 등 간단한 사물을 그려볼 수 있습니다.
- 관찰하여 표현한 것을 말로 하거나 글로 쓰게 하면 그림으로 표현하지 못한 부분을 설명할 수 있습니다.

반짝반짝 야광 그림

야광 그림은 어두운 곳에서만 볼 수 있어서 아이에게 새롭고 즐거운 경험을 선사합니다. 야광 물감을 이용하여 원하는 이미지를 마음껏 표현해보고 야광의 특성을 찾아보게 합니다. 완성한 작품을 천장에 붙이면 반짝반짝 멋진 우주 공간이 탄생됩니다.

놀이를 시작하기 전에

야광스티커나 야광으로 된 물건을 준비하여 어두운 곳에 가서 보게 합니다. 어두운 곳에서 더 밝게 빛나는 야광의 특성을 보고 무엇이 생각나는지 이야기해봅니다. 밤하늘에 떠 있는 노란 달님이나 반짝반짝 빛나는 별 등을 표현합니다.

시작해보기

밤하늘에 또 무엇이 있을지 상상하여 자유롭게 표현해보아요.

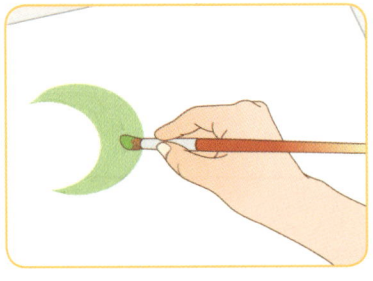

1 야광물감을 붓에 묻혀서 흰 도화지에 다양한 달 모양을 그립니다.

2 도화지에 별을 그립니다. 별은 두꺼운 종이를 별 모양으로 오려 따라 그리거나 삼각형 두 개를 서로 반대 방향으로 겹쳐 그립니다.

| 준비물 | 야광물감, 흰 도화지, 붓 |

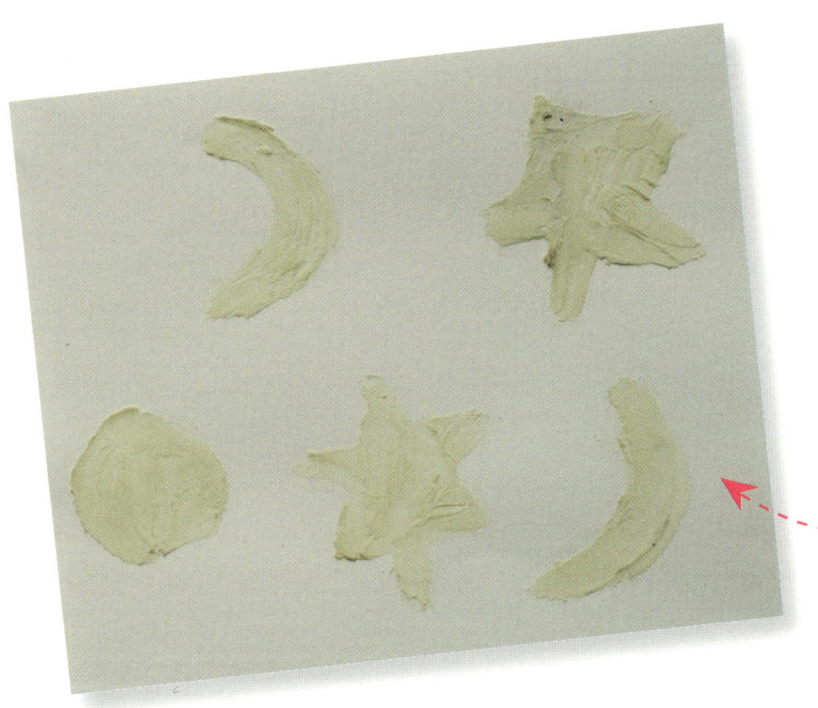

완성한 그림을 천장에 붙이고 불을 끄고 누워서 감상해봅니다.

 응용해 보아요!

- 야광별스티커를 이용하여 별자리책을 만들어보세요. 못 쓰는 CD에 종이를 붙이고 별자리를 그린 다음 야광별스티커를 붙입니다. 여러 장을 만들어서 CD를 펀치로 뚫고 링으로 연결합니다. 방에 걸어두면 밤마다 멋진 별이 떠오릅니다.

요령 상자
- 야광물감은 일반 물감처럼 사용할 수 있습니다.
- 천장에 붙인 그림은 방을 어둡게 해야 잘 보입니다.

우리집 냉장고

4세 이상

용도에 따라 여러 가지 물건을 넣는 냉장고는 아이들이 가장 신기해하는 생활가전 중 하나입니다. 우리집 냉장고를 주제로 하여 냉장고 부분마다 무엇을 넣는 곳인지 관찰하면서 아이는 자연스럽게 분류 개념을 익힐 수 있습니다. 또, 크기별로 나누어보거나 개수를 세어보면서 수 개념을 배울 수도 있답니다.

놀이를 시작하기 전에

우리집 냉장고에는 무엇이 있는지 알아봅니다. 냉장고 안의 모양을 보고 각 부분은 무엇을 넣는 곳인지 관찰하게 합니다. 관찰이 끝나면 우리집 냉장고를 직접 만들어보자고 제안합니다.

시작해보기

1 색지를 가운데를 기준으로 양옆으로 마주보게 접어 양문형 냉장고를 만듭니다.

2 종이를 펼치고 냉장고 안쪽 부분에 크레파스로 칸을 나눕니다. 슈퍼마켓 전단지에서 야채, 생선, 계란, 음료수, 고기 등의 사진을 오려 분류한 다음 안쪽에 풀로 붙입니다.

3 냉장고 겉을 원하는 모양으로 꾸미고 손잡이는 모루나 수수깡 등을 붙여서 표현합니다.

| 준비물 | 슈퍼마켓 전단지, 가위, 풀, 크레파스, 색지, 모루나 수수깡 |

 응용해 보아요!

- 냉장고를 부직포로 만들고, 전단지 사진을 코팅하여 찍찍이를 붙이면, 떼었다 붙였다 할 수 있고 시장놀이 할 때 활용할 수도 있답니다.

요령 상자

- 냉장고에 미리 야채, 생선, 계란, 음료수 등 몇 개를 채워놓고 아이가 관찰할 수 있도록 합니다.
- 슈퍼마켓 전단지 사진에서 평소 아이가 알고 있는 것이나 좋아하는 것을 중심으로 찾아 보게 합니다.

먹고 싶은 한과 만들기

> 6세 이상

서양식 과자에 익숙한 아이들에게 우리 전통과자인 한과를 소개해봅니다. 형태 표현이 자유로운 색점토를 이용하여 한과의 특징을 살려 표현해봄으로써 형태 변별력을 기를 수 있으며 점토를 서로 섞어 다양한 색을 만들어보는 경험도 할 수 있습니다.

놀이를 시작하기 전에

한과를 준비하여 함께 먹어보면서 한과의 맛과 향, 형태 등 특징을 살펴봅니다. 가게에서 파는 과자와 무엇이 같고 다른지 이야기해봅니다. 또, 한과는 무엇으로 만드는지 어떤 종류가 있는지 찾아봅니다.

시작해보기

색점토를 서로 섞어서 새로운 색을 만들어도 좋아요.

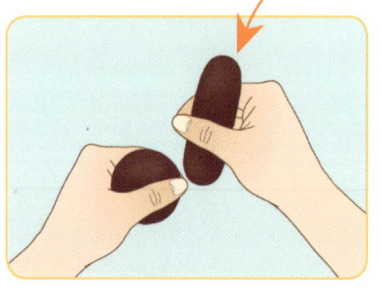

1 한과와 비슷한 색의 점토를 고르고, 적당량을 떼고 손에서 굴려 기다란 모양으로 만듭니다.

2 기다란 모양의 점토에 흰색 점토를 조금씩 떼어 길쭉하게 만들어 붙여서 유과를 표현합니다.

3 점토를 동그랗게 굴리고 납작하게 누릅니다. 그 위에 문양을 새겨 넣거나 찍어서 약과를 표현합니다.

| 준비물 | 색점토 |

하루 정도 완전히 말린 후 시장놀이에 활용해봅니다.

 응용해 보아요!

- 음식은 아이들이 좋아하는 주제 중 하나입니다. 색점토를 이용하여 다양한 색의 과일을 표현해도 좋고 아이스크림, 과자 등 아이들이 좋아하는 간식을 만들어보아도 좋습니다.
- 점토가 마르면 자석을 붙이거나 핸드폰 고리를 연결하여 장식품으로 사용할 수 있습니다.

요령 상자

- 한과를 만들 때 사용하는 다식판을 이용하면 실감나는 한과를 만들 수 있습니다. 다식판에 점토를 넣어 전통문양을 표현해보세요.
- 색점토는 여러 종류가 있는데 삶지 않아도 되는 부드러운 점토를 사용합니다.

알록달록 피자책

동그란 모양의 피자는 여러 조각으로 나누어져 있어서 아이가 수 개념을 자연스럽게 익히기에 좋은 재료입니다. 피자 모양 책을 만들면서 몇 개의 세모가 모여서 동그라미가 만들어지는지 알아보고 직접 구성해봅니다. 책 내용으로는 아이가 특별히 좋아하는 기억이나 경험을 담아보세요. 모양도 내용도 즐거움으로 가득한 책이 될 것입니다.

놀이를 시작하기 전에

피자 한 판을 준비하여 아이와 함께 몇 개의 조각으로 나누어져 있는지 살펴봅니다. 피자의 모양, 색깔, 맛, 토핑(장식), 재료들에 대하여 이야기를 나누어보고, 이제 동그란 종이를 준비해 가위로 여러 조각을 내며 잘라봅니다.

시작해보기

동그랗게 오린 흰 종이를 반으로 접어 자르면 반원이 됩니다.

1 반원의 종이를 4등분으로 지그재그 접어서 피자조각 모양을 만듭니다.

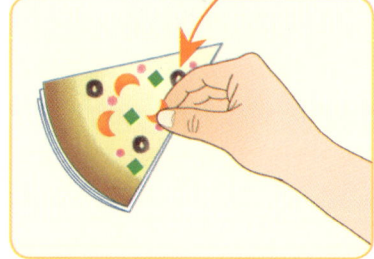

모두 여덟 개를 만들고 다양하게 표현해봅니다.

2 피자조각 모양 종이 위에 색종이를 오려붙이거나 스티커, 스팡클 등을 붙여서 피자의 특징을 표현합니다.

3 책의 안쪽에는 재미있고 즐거운 경험을 그림으로 그립니다. 조각의 순서를 정하여 숫자를 써넣습니다.

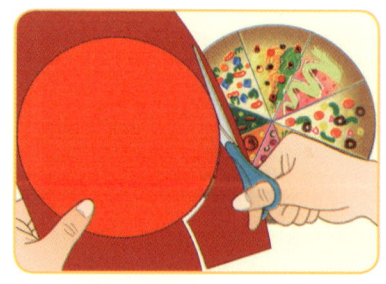

4 골판지를 동그랗게 오리고 골판지 띠를 가장자리에 돌려가며 붙여서 피자 상자와 덮개를 만듭니다.

준비물 흰 종이, 색종이, 스티커, 골판지, 스팡클, 솜, 수수깡, 색연필, 사인펜

덮개에 책의 제목을 써서 붙입니다.

 응용해 보아요!

- 삼각형 모양을 이용하여 샌드위치책을 만들어봅니다. 샌드위치를 만들기 위해 필요한 재료들을 탐색하여 이름과 특징을 그림으로 그리고 만드는 과정을 순서대로 그림으로 그려서 나타내봅니다.

요령 상자

- 피자책을 6조각으로 할 경우에는 원을 6조각으로 나누었을 때의 삼각형 크기로 만들어야 합니다.
- 피자책 상자는 다 먹고 남은 피자 상자를 그대로 활용해도 좋습니다.

사물 연상 도형책

이 놀이는 동그라미, 세모, 네모의 기본 도형과 비슷한 사물을 찾아보고 연상되는 것을 그림으로 표현해보면서 사물에 대한 개념을 익히는 활동입니다. 또, 한 권의 책을 만드는 것이므로 그린 이미지를 연결하여 이야기를 만들어보면서 이야기 구성능력도 키울 수 있습니다.

놀이를 시작하기 전에

종이 위에 동그라미, 세모, 네모를 그리고 비슷한 사물을 찾아 그림을 그려넣거나 이미지를 붙여보게 합니다. 연령대가 낮은 아이는 도형 모양과 비슷한 것을 찾아보게 하고, 7세 정도의 아이는 여러 가지 모양의 도형을 서로 구성하여 다양한 이미지를 표현해보게 합니다.

시작해보기

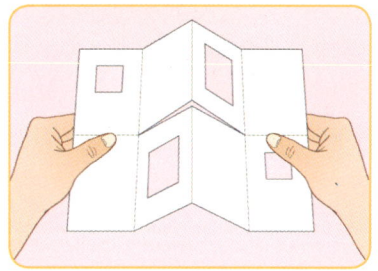

1 색지를 짧은 쪽을 반으로 접고 긴 쪽을 4등분으로 접습니다. 펼쳐서 그림과 같이 도형을 그리고 칼로 잘라냅니다.

2 자르지 않은 부분을 손으로 잡고 아래로 내려서 그림과 같이 십자 모양을 만듭니다.

3 각 페이지를 모아서 책을 만듭니다.

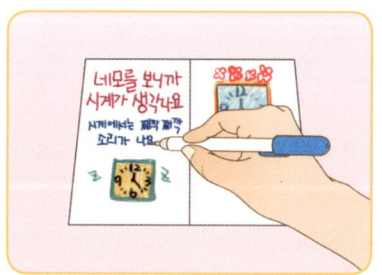

4 오려진 도형 모양을 보고 연상되는 사물을 그립니다. 주변에는 주제와 관련 있는 것을 그려넣습니다.

| 준비물 | 4절 크기의 색지, 사인펜, 색연필, 칼, 가위 |

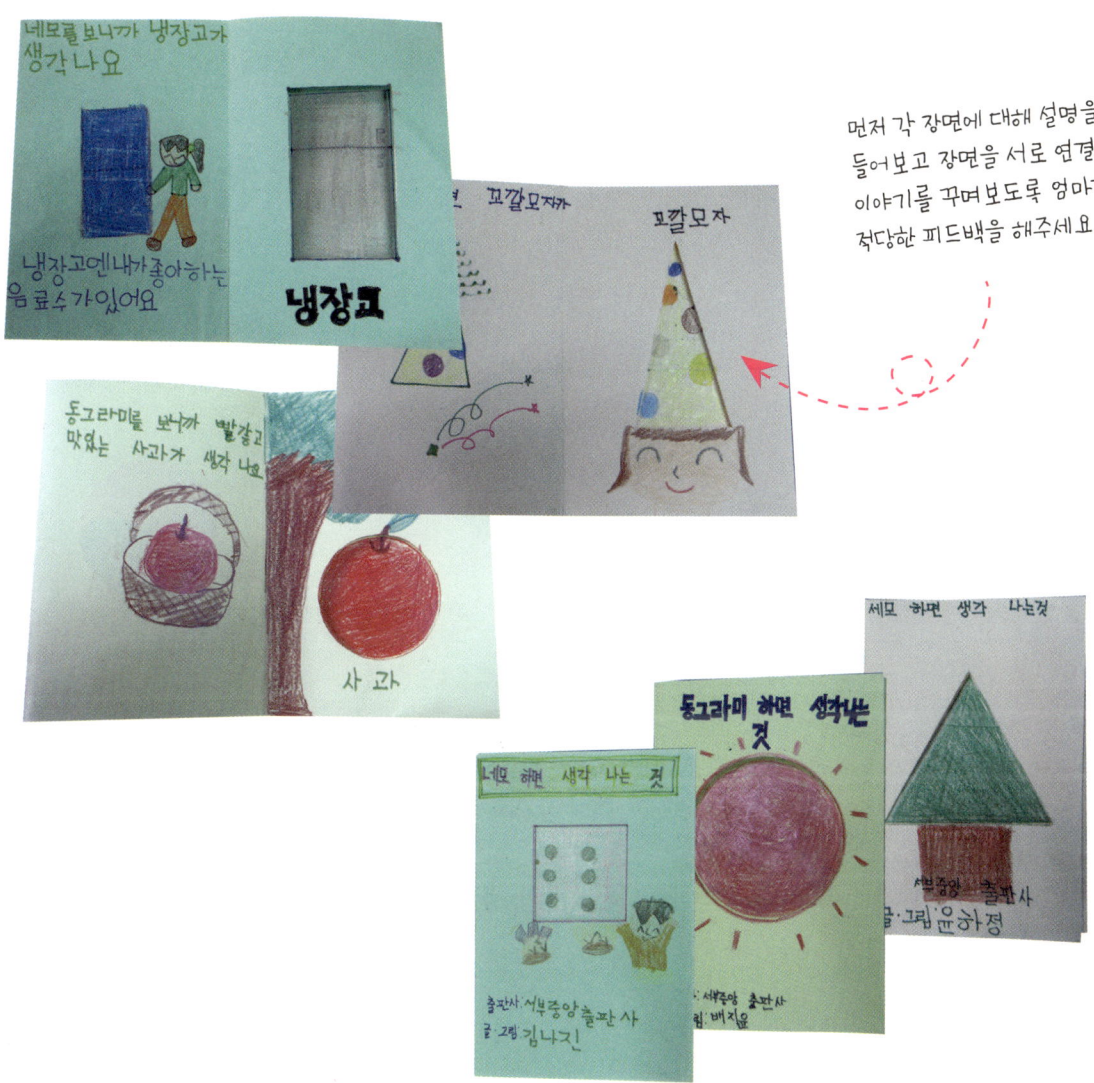

먼저 각 장면에 대해 설명을 들어보고 장면을 서로 연결해 이야기를 꾸며보도록 엄마가 적당한 피드백을 해주세요.

📖 응용해 보아요!

- 도형 팝업을 이용하여 이미지를 입체적으로 표현하고 동물의 소리, 이름, 특징을 담은 정보책을 만들거나 이야기책으로 꾸며볼 수 있습니다.

몬드리안처럼 그려요

몬드리안은 복잡한 사물을 수직과 수평으로 단순화하여 격자 구성으로 표현한 화가입니다. 몬드리안의 작품은 여러 제품의 디자인으로도 많이 쓰일 만큼 널리 알려져 있지요. 몬드리안의 작품을 감상하면서 선과 면의 개념을 익히고, 빨강, 노랑, 파랑의 삼원색 구성을 표현해봅니다.

놀이를 시작하기 전에

몬드리안의 작품 안에 들어 있는 색들을 크레파스나 그림물감에서 찾아 이름을 말해봅니다. 모두 찾았으면 이제 엄마와 종이 나누기 놀이를 해보자고 제안합니다.

시작해보기

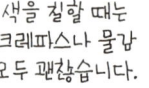
색을 칠할 때는 크레파스나 물감 모두 괜찮습니다.

1 검은색 종이테이프로 도화지를 길게 2등분 하여 면을 나눕니다. 각각의 면을 다시 2등분, 3등분으로 나누고 큰 면은 다시 나누어 작은 면으로 만들어봅니다.

2 각각의 면은 방이 되고, 한 방에는 세 친구가 산다고 이야기해주세요. 그리고 삼원색으로 각 방을 색칠합니다. 모든 면을 색칠하지 말고 흰 도화지 부분을 남겨두어야 몬드리안의 그림과 같은 효과를 줄 수 있습니다.

| 준비물 | 도화지, 검은색 종이테이프, 그림물감이나 크레파스 |

완성한 작품을 몬드리안의 작품과 비교하여 감상해보세요.

➡ 몬드리안의 '빨강, 검정, 파랑, 노랑, 회색의 구성'

 응용해 보아요!

- 몬드리안의 작품과 같이 선과 면으로 나누고 삼원색을 중심으로 색칠한 후 그 종이를 이용하여 가방을 만들 수 있습니다. 완성한 작품을 반으로 접어서 양쪽을 풀로 붙이고 손잡이를 붙이면 멋진 디자인의 가방이 됩니다.

요령 상자

- 면을 같은 색으로 나란히 칠하지 않도록 합니다.
- 면을 너무 작게 나누지 않아야 좋아요.
- 색칠할 때에는 검은색 테이프 밖으로 나가지 않게 주의해주세요.

풍속화 다시 구성하기

6세 이상

옛날 사람들의 생활 모습을 나타낸 그림을 풍속화라고 합니다. 풍속화 감상을 통해 지금은 사라졌지만 옛날에 사용했던 물건들, 살았던 집, 의복 등을 살펴보면서 우리 전통문화에 대해 배울 수 있습니다. 또 풍속화 그림을 재구성해보면서 이야기 구성능력을 기릅니다.

놀이를 시작하기 전에

김득신의 '파적도' 작품을 보여주고 어떤 장면인지 살펴보게 합니다. 무슨 일이 일어난 것인지 상상하여 이야기해보고, 내가 만약 화가라면 어떻게 바꾸어보고 싶은지 그림 속의 등장인물을 오려서 배경 안에 꾸며봅니다.

시작해보기

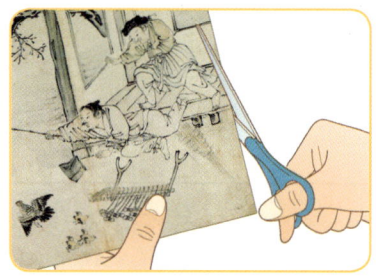 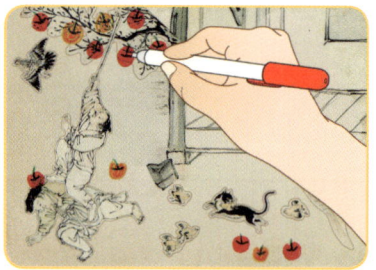

1 파적도의 그림 속 인물과 고양이, 닭, 병아리 등을 오립니다. 나뭇가지, 곰방대, 베틀 등 필요한 이미지가 있다면 함께 오리세요.

2 배경 안에 재미있게 구성하여 붙이고, 없는 것은 사인펜으로 덧그려 넣습니다.

➡ 김득신의 파적도(야묘도추)

| 준비물 | 파적도 배경그림(학습자료), 원본 그림(학습자료), 사인펜, 색연필 |

어떤 장면을 만든 것인지 이야기해보세요.

 응용해 보아요!

- 옛날 사람들의 옷과 현대의 옷을 비교해보고 한복을 예쁘게 꾸미거나 새롭게 디자인해 보세요.

요령 상자
- 파적도의 배경은 직접 그려넣어도 좋습니다.

133

나만의 어항 꾸미기

아이들은 직접 보거나 경험하지 않은 사실을 미술로 표현하는 경우가 많습니다. 그 중에서도 '바닷속 세상'이라는 주제는 아이들의 호기심을 자극하며 자연스럽게 바다생물과 환경에 대한 관심으로 이끌 수 있습니다. 투명 재료의 특성을 알아보고 어항 속 모습을 재미있게 꾸며봅니다.

놀이를 시작하기 전에

어항에 대하여 알아보고 물고기에게 필요한 것은 무엇인지 이야기를 나누어봅니다. 투명유리병을 이용하여 작은 어항을 만들어보자고 합니다. 먼저 어항 속에 어떤 물고기를 넣으면 좋을지, 물고기 외에 무엇을 넣어야 하는지 알아봅니다.

시작해보기

1 투명유리병 안에 셀로판지를 구겨 넣어 바위를 만들고, 바위 위에는 조개껍데기로 장식합니다.

오루롤 구부려 물풀도 만들어봅니다.

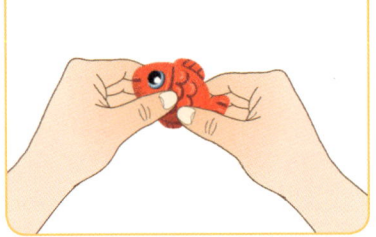

2 색점토를 납작하게 해서 물고기 모양으로 오리고, 다른 색의 점토를 덧붙여서 꾸며줍니다.

3 낚싯줄 한쪽 끝은 완성한 물고기에 붙이고 다른 한쪽 끝은 병뚜껑 안쪽에 붙입니다.

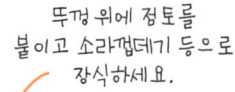

뚜껑 위에 점토를 붙이고 소라껍데기 등으로 장식하세요.

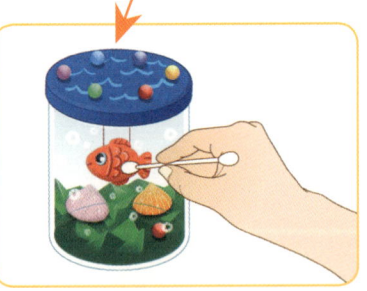

4 유리병 겉에는 작은 볼스티로폼을 붙이거나 면봉에 흰색 물감을 묻혀 찍어서 물방울을 표현합니다.

| 준비물 | 투명유리병, 조개껍데기, 점토, 낚싯줄, 인형눈, 셀로판지, 모루, 볼스티로폼 |

방 한쪽에 전시해보세요.
아이가 뿌듯해합니다.

▶ 유리병 겉을 꾸민 작은 어항

 응용해 보아요!

- 유리병 안에 흐린 파란색 물을 넣으면 작은 바닷속 세상이 만들어집니다. 이때 색점토는 물에 녹으므로 병 안에 물을 넣으려면 물고기를 유리병 겉에 붙이거나 펠트나 부직포와 같은 다른 재료를 이용하여 만듭니다.

요령 상자

- 유리병은 입구가 넓은 것이 만들 때 편리합니다.
- 연령대가 낮은 아이는 유리병 겉에 색종이로 물고기 모양을 오려붙이거나 유성매직으로 물고기와 물풀, 조개 등을 그리도록 준비해줍니다.

움직이는 곤충 만들기

5세 이상

아이들은 움직이는 것, 소리가 나는 것에 흥미를 많이 느낍니다. 유아기에는 놀이를 통해서 미술을 접하게 하고, 또 미술을 통해서 사물의 개념을 인식할 수 있도록 하는 것이 좋습니다. 곤충의 모양과 색의 특징을 찾아 표현해보고 움직이는 놀잇감으로 활용해봅니다.

놀이를 시작하기 전에

아이와 산책을 하면서 주변에 있는 곤충들을 관찰해봅니다. 아주 어린 아이는 개미와 같이 작은 곤충을 무서워하기도 합니다. 곤충을 의인화하여 친근감을 갖게 하고 특징을 찾아보게 합니다. 어떤 곤충을 본 적이 있는지, 어떤 곤충을 좋아하는지 이야기해봅니다. 무당벌레 사진을 준비해서 보여주고 색과 몸의 형태 등 특징을 살펴본 다음 만들기를 시작합니다.

시작해보기

원을 만들 때는 종이컵을 뒤집어 색지에 대고 그리면 쉬워요.

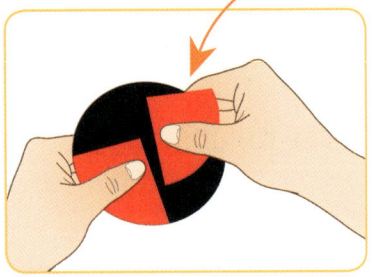

1 검은색 색지와 빨간색 색지를 동그랗게 오립니다. 빨간색 색지는 한쪽을 약간 잘라내고 몸체에 붙입니다.

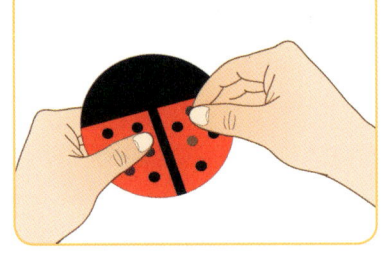

2 빨간색 날개 위에 펀치로 뚫은 종이를 붙여서 점 무늬를 만들고, 인형눈을 붙입니다.

다리는 색지를 오려 몸통 뒤에 붙입니다.

3 빨대를 3cm 정도 길이로 두 개를 자른 후 투명테이프를 이용하여 八자 모양으로 붙입니다.

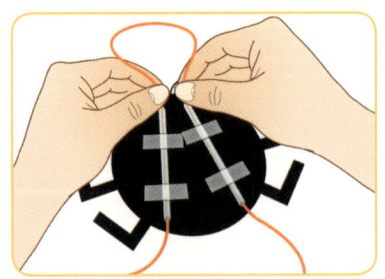

4 아이가 팔을 벌린 길이만큼 털실을 잘라 반으로 접고 그림과 같이 빨대 안에 끼웁니다.

준비물 색지, 인형눈, 빨대, 털실

털실의 위쪽을 고정하고 털실의 양쪽 끝을 벌리면 무당벌레가 위로 올라가고, 오므리면 내려옵니다.

 움직이는 개미

응용해 보아요!

- 간단한 원리를 이용하면 움직이는 다양한 조형물을 만들 수 있습니다. 로켓, 나비, 개미 등을 만들고 빨대와 털실을 연결하여 움직이는 놀잇감을 만들고 놀이를 통해서 재미있는 이야기를 꾸며보도록 해보세요.

요령 상자
- 털실은 가늘고 잔털이 없는 것을 사용해야 잘 움직입니다.
- 야외에서 다양한 곤충을 관찰한 후 만들어보면 더 의미 있는 활동이 될 수 있습니다. 누가 먼저 올라가나 놀이에 활용해봅니다.

성탄 리스 만들기

즐거운 성탄을 위해서 트리를 꾸미고 성탄 장식물을 만듭니다. 성탄 장식물 중에 대표적인 것이 '리스'입니다. 아이와 함께 리스를 만들어보면서 성탄의 의미를 들려주고 다양한 상징물에 대해서 알아봅니다. 또, 아이가 만든 리스로 아이방을 꾸미면 스스로 해냈다는 자신감과 뿌듯함을 느낀답니다.

놀이를 시작하기 전에

성탄절에 필요한 장식물에는 어떤 것이 있을까 알아봅니다. 예를 들면, 트리, 반짝이는 불, 천사, 루돌프 사슴, 산타 할아버지 등이 있지요. 그 중에서 리스는 어떤 장식물인지 모양의 특징을 찾아보고, 예쁜 리스 만들기에 도전해봅니다.

시작해보기

리스 뒤에 끈을 붙여서 벽이나 문에 걸 수 있도록 만듭니다.

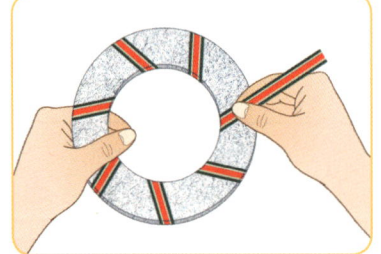

1 도넛 모양의 스티로폼을 준비합니다. 쿠킹호일을 길게 자르고 반으로 접어서 스티로폼을 돌려가며 꼼꼼히 쌉니다.

2 리본끈을 사선으로 돌려 감고 테이프로 고정합니다. 큰 리본을 만들어 붙여도 좋습니다.

3 빨간색과 초록색, 흰색 등의 색지로 포인세티아 꽃을 만듭니다(요령 상자 참고). 완성한 꽃을 리스 위에 붙여서 장식하고 여백에는 뽕뽕이를 붙여서 꾸며줍니다.

| 준비물 | 도넛, 하트, 별 모양의 스티로폼, 쿠킹호일, 리본끈, 색볼(뽕뽕이), 색지 |

산타 할아버지, 종 등을 만들어 리스 안에 매달면 더 재미있습니다.

 응용해 보아요!

- 신문지와 같은 폐품으로도 리스를 만들 수 있습니다. 신문지를 돌돌 감아 막대 모양을 만든 다음 동그란 모양이 되도록 구부리고 테이프로 붙여서 고정합니다. 쿠킹호일로 싸고 꾸미면 멋진 리스가 만들어집니다.
- 연령대가 낮은 아이는 쿠킹호일로 싸는 것이 어려우므로 골판지를 도넛 모양으로 오리고 스팡클, 뽕뽕이, 모루 등을 붙여서 자유롭게 꾸며보도록 합니다.

요령 상자

- 리스의 모양은 도넛 모양이 많은데 하트나 별 등 다른 모양으로 만들면 독창적인 리스가 됩니다.
- 포인세티아 꽃 만들기
  - 색지를 정사각형으로 자르고 반으로 두 번 접어 작은 네모 모양을 만듭니다.
  - 양쪽 끝에서 출발하여 포인세티아 꽃잎 모양으로 자릅니다.
  - 꽃을 펼치면 십자 모양의 잎이 생깁니다.
  - 두 장을 만들어 엑스자로 서로 겹치고 색볼(뽕뽕이)를 안에 붙입니다.
- 꽃 만들기가 어려우면 조화를 붙여도 좋습니다.

139

내가 만든 손목시계

종이접기는 손의 감각을 정교하게 만들고 소근육 발달을 도와줍니다. 또, 만든 작품을 가지고 놀이에 활용할 수도 있지요. 우리 생활 주변에서 쉽게 볼 수 있는 시계를 색종이로 접어서 만들고 팔목에 차고 사용해보게 하면 자연스럽게 시간에 대한 관심을 이끌어낼 수 있습니다.

놀이를 시작하기 전에

하루 일과를 시간순으로 이야기해보면서 아이가 시간에 대해 관심을 가질 수 있도록 유도합니다. 그리고 손목시계를 준비하여 보여주고 어떤 물건인지 함께 이야기해봅니다.

시작해보기

여기에 사인펜으로 큰 바늘, 작은 바늘, 숫자를 그립니다.

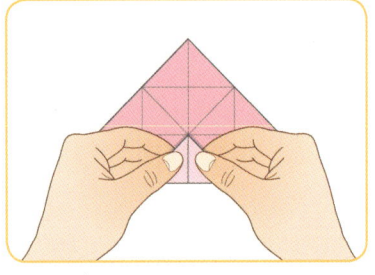 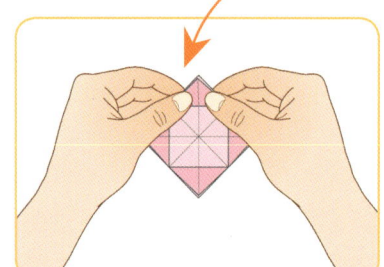 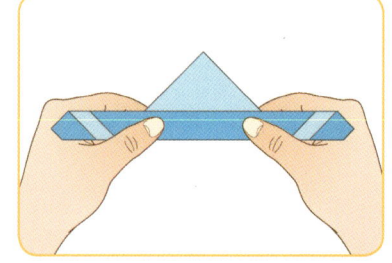

1 색종이를 위의 그림과 같이 방석접기를 합니다. 뒤집어서 같은 방법으로 다시 한번 접습니다.

2 다시 뒤집으면 네모 모양이 4개가 나오는 데 각각 접어 열면 시계 모양이 만들어집니다.

3 양면 색종이를 1cm 정도 간격을 띄우고 삼각접기를 합니다. 뒤집어 1cm 간격으로 끝까지 접어서 시곗줄을 만듭니다.

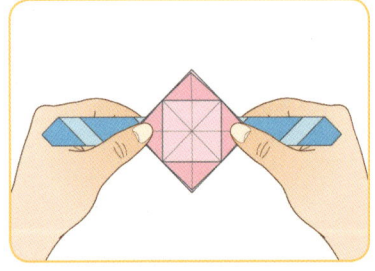

4 완성한 시계를 시곗줄 가운데에 붙입니다.

➡ **방석접기**

①	②	③	④	⑤
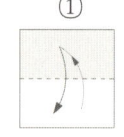	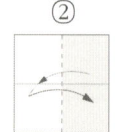	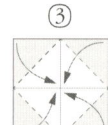	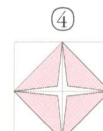	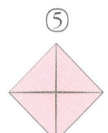

➡ **막대접기**

①	②	③	④	⑤
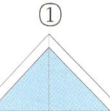	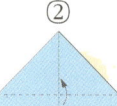	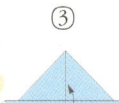		

| 준비물 | 양면 색종이 2장, 벨크로(찍찍이), 검은색 사인펜 |

시곗줄 끝에 벨크로를 붙여서 손목에 차고 뗄 수 있도록 합니다.

 응용해 보아요!

- 완성한 시계로 시간 알아맞히기 놀이를 해보세요. 분보다는 몇 시인지 작은 바늘이 가리키는 숫자를 익힐 수 있게 합니다. 점차 잘하면 분을 알려주는데, 이때 시중에서 판매하는 시계부속물을 구입하여 벽시계를 직접 만들어보면 흥미를 더 유발할 수 있답니다.

요령 상자

- 색종이는 다양한 색과 무늬가 있으므로 아이가 흥미를 가질 수 있는 몇 가지를 준비하여 직접 선택하도록 해주세요.
- 아이들이 활동하기 적당한 색종이 크기로는 10X10cm, 15X15cm가 좋습니다.
- 아이들은 아직 소근육 발달이 완전하지 않으므로 종이를 정확히 접기가 어렵습니다. 좀 비뚤비뚤하더라도 다 접어주지 말고 스스로 접어볼 수 있도록 동기를 부여해주세요.

상자 조형놀이

 6세 이상

성냥갑처럼 열리는 상자를 이용하여 아이의 상상력을 이끌어낼 수 있습니다. 바깥 상자를 동물이나 나무 등의 모양으로 꾸미고 안에는 무엇이 들어 있을지 상상하여 안 상자를 꾸며봅니다. 아이가 상상한 것, 알고 있는 것 등을 표현해보면서 상상력, 사고력을 키워봅니다.

놀이를 시작하기 전에

열리는 상자를 보여주고 이 상자 안에는 무엇이 들어 있을까 상상하여 이야기를 나누어봅니다. 상자를 열었다 닫았다 하면서 무엇을 표현하면 좋을지 구상해보세요.

시작해보기

상자 전체를 동물의 얼굴로 표현하거나, 얼굴은 따로 붙이고 상자는 몸체로 만들어도 됩니다.

나무 안에 숨어 있는 애벌레, 엄마 뱃속에 있는 아기 동물 등을 만들어보세요.

1 색종이로 상자를 싸고 동물 모양으로 꾸며줍니다. 귀는 색종이를 오려붙이고 인형눈과 색종이를 이용하여 동물의 특징이 잘 드러나도록 얼굴을 꾸며줍니다.

2 색종이로 상자를 싸고 나무 모양으로 꾸며줍니다. 상자를 나무의 몸체로 표현하고 가지와 잎은 따로 오려붙입니다.

3 상자 안에 무엇이 들어갈지 상상해보고 만들어 넣습니다.

| 준비물 | 안이 열리는 상자, 색종이, 인형눈, 뽕뽕이 |

작품을 감상해보면서 상자 안에 무엇이 들었을지 맞히는 수수께끼 놀이를 해봅니다.

▶ 고래 만들기

 응용해 보아요!

- 일부가 투명하게 비치는 상자, 구멍이 뚫려 있는 상자 등 다양한 상자를 이용하여 만들기를 해보세요. 사고의 폭을 넓힐 수 있습니다. 예를 들면, 물건이 잘 보이게 하기 위해서 일부분이 투명하게 비치는 상자는 그 안에 작은 바닷속 세상을 꾸며볼 수 있습니다.

요령 상자

- 안 상자를 꾸밀 때는 상자가 잘 열리도록 크기를 조절합니다.
- 사람의 입이 열리는 것처럼 연결된 이미지를 꾸며보아도 좋습니다.
- 안 상자의 바닥면에 막대를 붙여 잡아당기게 하면 쉽게 열고 닫을 수 있습니다.
- 전혀 관련이 없는 것이라도 아이가 상상한 것이라면 인정해주도록 합니다.
- 만든 작품을 이용하여 재미있는 동화를 만들어보세요.

4

표현력 쑥쑥 미술놀이

아이들은 자연이나 주위 환경, 조형물을 보고 즐기면서 자연스럽게 미적 경험을 하게 됩니다. 즐거움과 아름다움을 추구하는 미술의 특성상 미술놀이를 하면서 얻은 미적 경험은 독창적인 표현을 할 수 있는 힘이 됩니다. 또, 머릿속 생각을 효과적으로 표현할 수 있는 능력을 길러주지요. 이러한 경험을 쌓다 보면 아이는 미적 안목을 기르게 되고, 생활 속에서 미술을 즐길 줄 아는 사람으로 자라나게 됩니다.

오징어 관찰 그림

관찰 그림은 대상을 자세히 관찰하면서 특징을 알게 되고, 개념적인 표현이 아닌 개성 있는 표현으로 이끌 수 있습니다. 오징어는 독특한 모양 때문에 아이들의 관심을 끌기에 더없이 좋은 그리기 주제입니다. 오징어 관찰 그림 그리기는 사실적인 표현을 해보는 기회가 될 뿐만 아니라 바다생물에 대해 배우는 계기도 될 수 있습니다.

놀이를 시작하기 전에

검은색 비닐봉지에 오징어를 넣고 수수께끼를 내봅니다. "나는 바다에서 살아요, 나는 다리가 많아요, 나는 누구일까요?" 비닐봉지 속에 손을 넣고 만져보면서 느낌을 이야기해보고 무엇인지 알아맞혀 보게 합니다. 이제 비닐봉지에서 오징어를 꺼내 보여주고, 오징어를 5분 정도 자세히 관찰합니다.

시작해보기

1 도화지에 오징어의 모양과 특징을 살려 연필로 밑그림을 그립니다.

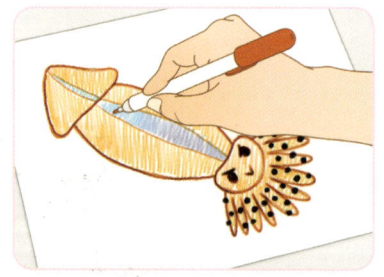

2 사인펜으로 밑그림을 따라 그리고 색연필에서 비슷한 색을 찾아 색칠합니다.

| 준비물 | 오징어 또는 실물사진이나 그림, 도화지, 색연필, 연필, 지우개, 사인펜 |

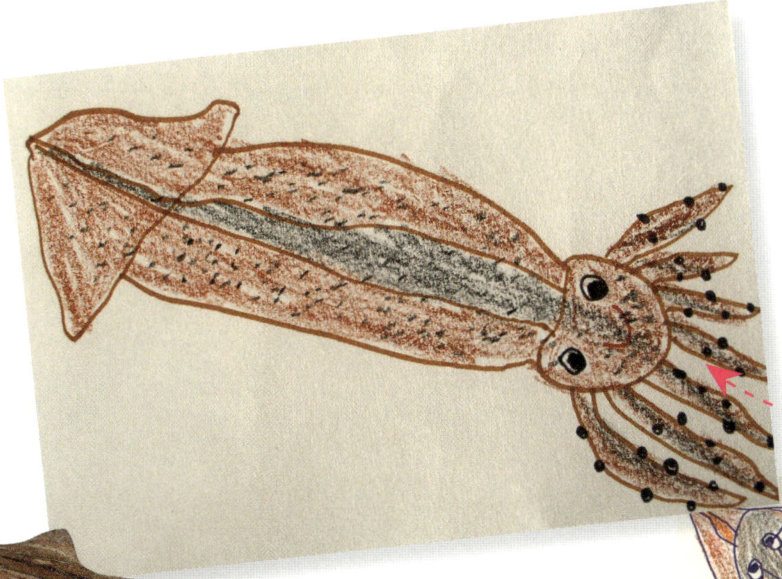

오징어의 어떤 부분이 가장 인상깊게 느껴졌는지 이야기해봅니다.

 가오리 관찰 그림

응용해 보아요!

- 실제 오징어나 물고기를 탁본으로 떠낼 수 있습니다. 오징어나 물고기 몸체에 먹물을 칠하고 약간 적신 한지를 덮고 잘 누릅니다. 조심해서 떼어내면 모양이 그대로 찍힙니다. 찍어낸 한지를 말린 후 연상해서 그림으로 그려보아도 좋습니다.

요령 상자

- 실물 오징어가 없다면 관련 비디오나 사진자료, 또는 인터넷에서 자료를 찾아 보여주고 바다생물의 색과 모양 등을 아이가 살펴볼 수 있도록 합니다.
- 오징어뿐 아니라 물고기, 불가사리, 조개, 새우 등 실물자료를 준비하여 아이가 만져보고 관찰할 수 있도록 하면 더 생동감 있는 그림을 그릴 수 있습니다.
- 관찰 그림은 대상을 똑같이 그리는 데 있는 것이 아니라 개념적 표현을 벗어나 특징을 표현하는 데 중점을 두도록 합니다.

마블링 그림

마블링 물감은 기름과 물이 섞이지 않는 원리를 이용하여 만든 물감입니다. 물 위에 뜬 물감을 종이로 흡착시키는 방법으로, 찍혀진 모양이 대리석 같다고 해서 마블링이라고 불립니다. 마블링 물감을 이용하면 다양한 모양이 찍혀지므로 아이의 상상력을 자극할 수 있으며 찍혀진 모양을 보고 연상되는 것을 그려보면서 표현력과 창의력이 자라납니다.

놀이를 시작하기 전에

미리 여러 가지 무늬로 찍어둔 마블링 종이를 몇 장 준비합니다. 마블링 종이를 보여주고 무엇 같은지 생각나는 것을 이야기해보게 합니다. 이렇게 독특한 무늬를 찍을 수 있는 물감이 있다는 것을 알려주고 함께 만들어보자고 제안합니다.

시작해보기

종이를 세로로 반쯤 넣어 찍기, 종이를 좌우로 흔들면서 찍기, 가운데만 찍기 등 다양한 방법으로 찍어봅니다.

1 대야에 물을 반쯤 담은 다음, 마블링 물감을 한두 방울 떨어뜨리고 입김을 불어 모양을 만듭니다.

2 도화지를 덮어서 무늬를 흡착시키고 남은 물을 털어냅니다. 찍힌 모양을 보여주고 무엇이 연상되는지 이야기해봅니다.

3 찍힌 종이를 완전히 말린 다음 찍힌 모양에서 연상되는 풍경을 그려보는데, 마블링 물감을 바다로 연상하여 그림을 그려봅니다.

4 색종이를 1.5cm 넓이로 길게 자르고 X자 모양으로 겹쳐 붙여서 물고기 모양을 만듭니다. 인형눈을 붙인 다음, 마블링 물감이 찍힌 바다 위에 꾸며줍니다.

준비물 마블링 물감, 대야, 휴지, 사인펜, 색연필, 도화지, 색종이, 인형눈

그림을 보고 어떤 장면인지 이야기를 꾸며봅니다.

▶ 마블링 기법으로 꾸민 액자

응용해 보아요!

- 우드락을 동그랗게 자르고 흰색 수성 페인트를 발라서 말립니다. 우드락의 가장자리 부분을 마블링 물감을 돌려가며 찍으면 세모 모양, 네모 모양 등이 찍히는데 액자처럼 장식이 됩니다. 우드락 가운데에는 유성매직으로 엄마, 아빠, 꽃, 동물 등을 그려넣어 보세요.

요령 상자

- 마블링 물감의 색을 바꿀 때는 휴지로 남은 물감을 걷어낸 후 다른 색의 물감을 떨어뜨립니다. 한 가지 색보다는 두 가지 색 정도를 넣는 것이 다양한 무늬를 만들 수 있습니다.
- 마블링 물감은 기름 성분이므로 사용한 대야는 비누로 깨끗이 닦아야 합니다.
- 마블링 물감이 덩어리째 종이에 찍히면 마르지 않으므로 물감 덩어리를 휴지로 찍어낸 후 말리세요.

신기한 알콜 그림

알콜은 강한 휘발성이 있어서 물감과 함께 사용하면 재미있는 효과를 낼 수 있습니다. 물감을 칠하고 그 위에 알콜로 그림을 그리면 휘발성 때문에 알콜이 날아가면서 흰색 그림이 그려집니다. 알콜 그림 그리기는 환상적인 표현이 가능하여 아이들이 신기해하는 놀이랍니다. 눈 오는 날이나 바닷속 풍경 등 주제에 맞게 응용하거나, 마음껏 표현해볼 수도 있습니다. 표현된 모양을 보고 다양한 상상을 이끌어내보세요.

놀이를 시작하기 전에

청색, 보라, 초록, 빨강 등 진한 색의 물감으로 물감물을 만들어둡니다. 종이컵에 알콜을 조금 덜어놓습니다. 엄마가 요술그림을 그려보겠다고 하면서 화지에 물감물을 칠하고 면봉에 알콜을 묻혀서 아이의 얼굴을 간단히 그립니다. "자, 누구의 얼굴일까요?" 하면서 아이의 호기심을 자극합니다.

시작해보기

 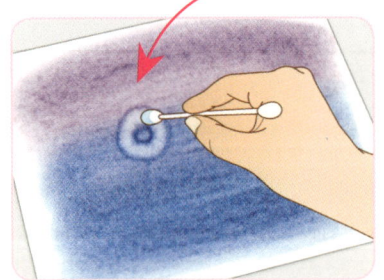 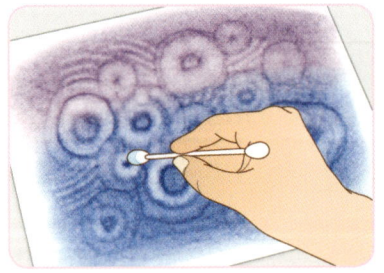

아이와 함께 관찰하고, 이미지가 무엇 같은지 이야기해봅니다.

1 마분지 전체에 붓으로 물감을 칠합니다.

2 면봉에 알콜을 묻혀서 찍어봅니다. 알콜이 휘발 되면서 알콜이 묻은 주변이 하얗게 변색됩니다.

3 물감은 엄마가 칠하고 아이는 면봉에 알콜을 묻혀서 여러 가지 선이나 동그라미 점찍기 등을 자유롭게 표현해보게 합니다. 완성한 그림은 하루 정도 완전히 말립니다.

준비물 알콜, 도화지, 물감물, 면봉, 붓, 마분지, 종이컵

흥겨운 음악에 맞추어 자유로운 난화로 이끌어도 되고, "라면을 만들어볼까?" 하면서 "꼬불꼬불" 소리를 내며 표현해도 좋습니다.

 눈사람 그림

응용해 보아요!

- 완성한 작품은 동그라미, 세모, 네모 모양으로 자르고 펀치로 구멍을 뚫어 연결하여 모빌을 만들어도 좋습니다.
- 연령대가 높은 아이는 알콜의 특성을 알아보고, 그 특성을 활용하여 표현해도 좋습니다. 예를 들어, 눈 오는 날을 그릴 때 눈을 알콜로 표현하거나, 나무 그림을 그릴 때 나무 열매를 알콜로 찍어서 나타낼 수 있습니다.

요령 상자

- 알콜은 일반 약국에서 구입할 수 있습니다. 알콜은 휘발성이 강해서 금방 날아가므로 많은 양을 종이컵에 덜지 말고 조금씩 덜어둡니다.
- 알콜을 아이가 먹지 않도록 주의하세요.
- 물감이 어느 정도 촉촉하게 있어야 효과가 잘 나타납니다.

고추잠자리 데칼코마니

반으로 접었다 펴면 양면에 같은 무늬가 생기는 데칼코마니는 아이들이 좋아하는 놀이 중 하나입니다. 특히 아름다운 무늬를 쉽게 표현할 수 있어서 아이에게 표현의 자신감을 심어줄 수 있습니다. OHP 필름을 이용한 데칼코마니는 물감이 서로 번지면서 섞이는 모습을 직접 관찰할 수 있어 아이의 흥미를 유발할 수 있습니다. 물론 우연한 색의 조화도 놓칠 수 없는 감상 포인트랍니다.

놀이를 시작하기 전에

우리 얼굴에서 코를 중심으로 양쪽이 똑같이 생긴 것이 무엇이 있는지 찾아 이야기합니다. 곤충 중에서도 양쪽이 같은 대칭 모양이 있는지 곤충도감을 준비하여 함께 찾아봅니다. 가을에 볼 수 있는 잠자리를 표현해보자고 제안하고 표현방법에 대해 설명해줍니다.

시작해보기

1 OHP 필름을 반으로 접었다 펴고, 한쪽 면에 아크릴 물감을 여러 색으로 짠 후 다시 반으로 접습니다.

무엇이 연상되는지 이야기를 나누어봅니다.

2 필름을 열면 대칭의 이미지가 생깁니다. 반짝이 가루를 뿌려서 장식하고 완전히 말립니다.

3 필름을 반으로 접고 잠자리 날개 모양으로 그려서 가위로 오려냅니다. 도화지에 양면테이프로 붙입니다.

양쪽 날개가 펄럭이도록 날개 가운데만 고정합니다.

4 잠자리 몸체를 그리고 눈은 인형눈을 붙입니다. 크레파스와 물감으로 가을 풍경을 그립니다.

준비물 OHP 필름, 아크릴 물감, 반짝이 가루, 그림물감, 도화지, 크레파스, 양면테이프, 인형눈, 가위

▶ 알록달록 예쁜 우산

▶ 팔랑팔랑 나비

응용해 보아요!

- 연령대가 낮은 아이는 데칼코마니를 한 OHP 필름을 나비 모양이나 우산 모양으로 잘라 모빌로 활용할 수 있습니다. 나비는 빵끈을 감아 몸체와 더듬이를 표현하고 우산은 아이스크림 막대를 덧붙여 손잡이를 표현해봅니다.

요령 상자

- 잠자리 외에도 연상되는 다양한 이미지를 표현해보세요. 나비, 나무, 꽃 등을 OHP 필름 데칼코마니로 꾸며봅니다.

내 이름 꾸미기

 5세 이상

이름은 나를 나타내기에 좋은 주제입니다. 글쓰기에 관심을 보이는 아이를 위해 잡지나 신문을 활용하여 나의 이름을 찾아보는 놀이를 해보면 자연스럽게 언어교육으로 이어질 수 있습니다. 또, 나의 이름을 크게 써서 다양한 재료로 꾸며보면서 자신감과 함께 디자인 감각도 기를 수 있지요.

놀이를 시작하기 전에

이름 놀이를 해봅니다. 아빠 이름, 엄마 이름, 나(아이)의 이름을 크게 불러보고 글자를 써보게 합니다. 나의 이름과 아빠, 엄마 이름 중에서 같은 글자를 찾아본 다음, 나의 이름과 같은 글자를 잡지나 신문에서도 찾아봅니다. 아이에게 색종이, 색볼, 스팡클, 털실, 모루 등 다양한 재료를 준비하여 보여주고 나의 이름에 예쁜 옷을 입혀보면 어떨지 이야기해봅니다.

시작해보기

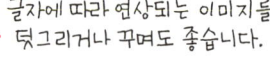
글자에 따라 연상되는 이미지를 덧그리거나 꾸며도 좋습니다.

1 도화지에 나의 이름을 크게 크레파스로 쓰고 글씨를 따라 양면테이프를 붙입니다.

2 양면테이프 위에 색볼, 스팡클, 털실 등을 붙여서 꾸며줍니다. 색종이를 찢어 붙이거나 모루 등을 이용하여 글자를 따라 구부려 모양을 만들어봅니다.

준비물 도화지, 크레파스, 양면테이프, 색종이, 색볼(뽕뽕이), 스팡클, 털실, 모루

➡ 숫자 3 위에 그린 눈사람

📖 **응용해 보아요!**

- 글자에 이제 막 관심을 보이기 시작하는 시기의 아이와 함께 숫자, 글자를 가지고 꾸며 보기 놀이를 해봅니다.
- 연령대가 높은 아이는 문자도와 같이 글자의 모양과 뜻에서 연상되는 것을 그림으로 표현한 작품을 감상해보고 0~9까지 숫자 모양에서 연상되는 것을 그려보도록 합니다.

요령 상자

- 글자를 크게 써야 꾸미기 좋습니다.
- 아이가 글쓰기를 어려워하면 엄마를 따라 써보게 하거나 엄마가 대신 써주세요.
- 털실은 너무 가늘면 붙이기 어려우므로 굵은 털실을 준비합니다.
- 'ㅇ' 같은 글자는 아이가 양면테이프로 모양을 따라 붙이기 어려우므로 엄마가 도와주세요.

색칠하면 나타나는 비밀 그림 〔5세 이상〕

이 시기의 아이들은 호기심이 많아서 모든 것을 신기하게 받아들입니다. 흰색 크레파스와 연필만 가지고 신기한 비밀 그림을 그려봅니다. 숨겨져 있던 그림이 나타날 때마다 아이가 놀라워할 거예요. 또, 연필로 색칠하면서 아이는 연필이 필기도구만이 아니라 훌륭한 미술도구도 된다는 사실을 경험한답니다.

놀이를 시작하기 전에

비밀이란 무엇일까? 엄마에게도 비밀이 있을까? 나의 비밀은 무엇일까? 비밀에 관하여 아이와 이야기를 나눠봅니다. 그런 다음 도화지에 비밀 그림을 숨겨보자고 합니다.

시작해보기

와, 이게 뭘까?

조금씩 나타나는 그림을 보고 알아맞히기 놀이를 해봅니다.

1 도화지에 흰색 크레파스로 공작새의 머리와 몸체를 그립니다. 머리는 눈과 부리를 그려넣고 몸체는 점을 찍어서 털을 표현합니다. 몸체 뒤로 화려한 날개도 그려넣어요.

2 4B연필의 심을 조금 길게 깎고 연필을 눕혀서 위에서부터 천천히 색칠을 합니다. 점차 숨어 있는 그림이 나타납니다.

준비물 4B연필, 흰색 크레파스, 도화지

색칠이 부족한 부분은 엄마가 도와주세요.

 응용해 보아요!

- 연필은 글을 쓰거나 색을 칠할 수 있습니다. 지우개는 글자를 지울 때 쓰지요. 이렇게 늘 쓰는 물건의 용도를 바꾸어보면 어떨까요? 도화지에 연필로 색칠한 후 휴지로 살짝 문질러 밑바탕을 만듭니다. 원하는 모양을 지우개로 지워가면서 그려봅니다.

요령 상자

- 색연필로 색칠하듯 연필을 눕혀서 칠하면 크레파스가 있는 곳에 심이 진하게 묻어나서 이미지가 나타납니다.
- 색칠을 꼼꼼히 해야 이미지가 선명합니다. 도화지 전체를 색칠해야 하므로 도화지의 크기는 32절 정도로 작게 시작합니다.
- 잘 나타나지 않는 부분은 한 번 더 색칠하면 선명하게 나타납니다.

내 수영복이에요

일상생활에서 쓰이는 대부분의 물건에는 디자인이 숨어 있습니다. 옷에 있는 다양한 색과 모양, 무늬를 감상하고 나의 옷을 꾸며서 디자인해봅니다. 수영복은 언제 입는 옷인지, 다른 옷과 모양이 어떻게 다른지 특징을 알아보고 무늬를 그려서 꾸며보게 합니다.

놀이를 시작하기 전에

"바다나 수영장에서 수영할 때 입는 옷을 뭐라고 하지?" 하고 물어보세요. 또, 아이의 수영복을 꺼내어 모양을 잘 살펴보고, 다양한 무늬가 있는 수영복을 찾아서 보여줍니다. "지금부터 네 수영복을 예쁘게 꾸며볼까?"라고 말하면서 수영복 만들기를 제안합니다.

시작해보기

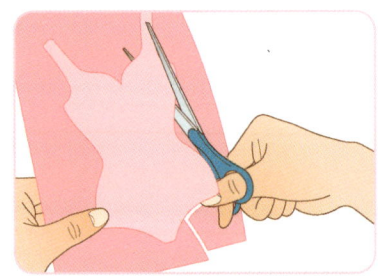

1 엄마가 색지를 수영복 모양으로 자릅니다.

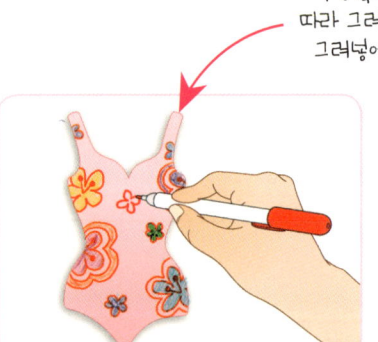

수영복의 가장자리를 따라 그려도 좋고 전체에 그려넣어도 좋습니다.

2 수영복에 그릴 무늬를 생각해보고 그립니다. 아이가 자유롭게 그릴 수 있도록 격려해줍니다. 색연필이나 사인펜으로 색을 칠합니다.

| 준비물 | 색지 또는 부직포, 사인펜, 색연필, 크레파스 |

아빠수영복, 엄마수영복도 예쁘게 꾸며 선물해보세요.

 응용해 보아요!

- 연령대가 낮은 아이는 무늬를 그려넣기 어려울 수 있으므로 야채 찍기나 나뭇잎 찍기, 장난감 찍기 등 모양 찍기로 꾸며보세요.
- 수영복뿐 아니라 티셔츠나 원피스, 치마, 바지 등도 꾸며보세요.

요령 상자

- 색지 대신 부직포를 사용한다면 크레파스로 무늬를 그립니다. 무늬 그리기가 어려우면 선을 그려 면을 나누고 각 면을 여러 색으로 칠해도 아름답게 꾸밀 수 있습니다.
- 수영복을 작게 만들어도 좋지만, 아이를 종이 위에 눕히고 몸의 형태를 따라 그린 후 수영복 모양으로 잘라 아이 몸 크기에 맞추어도 좋습니다. 무늬를 그릴 때 무늬가 너무 작으면 수영복 전체를 다 채우기가 힘들므로 무늬를 크게 그려넣습니다.

조개껍데기 색칠놀이

늘 쓰는 스케치북이 아닌 다른 재료, 혹은 종이와 전혀 다른 모양을 가진 사물에 그림을 그려보는 것도 아이의 호기심과 상상력, 창의력을 이끌어내기에 좋은 미술놀이가 됩니다. 특히 이 시기의 아이들은 주어진 모양을 이용하여 그림을 그리므로 다양한 사물에 그리기 활동을 하면 생각의 폭도 넓어집니다. 조개 모양을 보고 연상되는 것을 그려보거나 도화지 대신 조개에 자유롭게 그림을 그려봅니다.

놀이를 시작하기 전에

맛있게 먹고 남은 가리비 껍질을 깨끗이 닦아서 말려둡니다. 가리비의 안쪽과 바깥쪽을 만져보고 어떻게 다른지 살펴봅니다. 또, 가리비를 옆으로, 위로, 아래로 돌려보면서 연상되는 것을 이야기해봅니다.

시작해보기

1 아크릴 물감으로 가리비를 꾸며봅니다. 색색으로 칠하고 점을 찍어 꾸며봅니다.

2 가리비 모양을 보고 물고기로도 표현해봅니다. 물고기의 입을 그리고 지느러미도 그려서 꾸며봅니다.

준비물 조개껍데기(가리비), 아크릴 물감

몇 개 모아서 붙이면 멋진 조개껍데기 액자가 됩니다. 구멍을 뚫고 끈을 끼우면 목걸이가 되고요.

 응용해 보아요!

- 연령대가 낮은 아이는 껍데기 위에 물감을 짜서 다른 껍질을 서로 맞붙여 데칼코마니를 해보세요.
- 작은 껍데기는 펄 물감으로 칠하고 반짝이를 뿌려 장식한 후 나비 모빌을 만들어봅니다.

요령 상자

- 조개껍데기에 직접 그림을 그리려면 가리비처럼 크기가 커야 합니다.
- 가리비의 안쪽에 그림을 그려도 좋습니다.
- 아크릴 물감으로 색칠해야 지워지지 않고 선명하게 잘 칠해집니다.
- 조개의 모양을 그대로 이용하여 그려도 되고 어려워하는 아이는 점이나 선을 그려넣어 장식해보게 합니다.

단풍나무 만들기

4세 이상

가을의 계절적 특징을 알아보면서 아이는 계절감을 자연스럽게 익힐 수 있습니다. 아름다운 가을 풍경에서 단풍나무를 빼놓을 수 없겠지요. 번지기 기법과 콜라주를 활용하여 단풍나무를 꾸미면서 다양한 표현방법을 배워봅니다.

놀이를 시작하기 전에

공원이나 산에 갔을 때 단풍나뭇잎을 모아 오세요. 모아온 나뭇잎의 모양과 색을 관찰하면서 가을에는 나뭇잎이 어떻게 옷을 갈아입는지 이야기합니다. 단풍나무를 그려보자고 하고, 물감에서 단풍나뭇잎과 비슷한 색을 모두 골라보게 합니다. 엄마가 생각하는 색이 아니더라도 인정해 줍니다. 아이가 고른 물감으로 물감물을 만듭니다.

시작해보기

> 와~ 가을이다. 나뭇잎이 옷을 갈아입네.

1 도화지에 백붓으로 맹물을 칠하여 촉촉하게 만듭니다.

2 물감물을 백붓에 묻혀서 떨어뜨립니다. 색이 자연스럽게 퍼지는 것을 관찰합니다. 다른 색도 떨어뜨려 봅니다.

3 도화지 뒷면에 단풍잎 모양을 그리고 오려냅니다. 그리기를 어려워하면 나뭇잎을 직접 대고 따라 그립니다. 큰 잎, 작은 잎 여러 개를 만들어 오립니다.

4 도화지에 나무 몸체를 큼직하게 그린 후 오려낸 나뭇잎을 붙입니다. 배경에 인물을 그려넣어도 좋습니다.

준비물 도화지, 물감물, 백붓, 크레파스, 가위, 풀

 응용해 보아요!

- 연령대가 높은 아이는 나뭇잎에 물감을 묻혀서 찍고 모양을 관찰하게 합니다. 나뭇잎 모양을 구성하여 나비를 꾸미거나, 나무를 표현할 때 실제 나뭇잎을 찍어서 생동감 있게 표현해볼 수 있습니다.

요령 상자

- 도화지가 충분히 촉촉해야 물감이 잘 번집니다. 물감이 잘 번지지 않으면 물감을 떨어뜨린 도화지 위에 스프레이로 물을 살짝 뿌려줍니다.
- 물감이 번진 종이가 완전히 마른 후 나뭇잎 모양으로 오리세요.

크레파스 먹지로 그린 그림

크레파스로도 먹지 효과를 낼 수 있습니다. 색색의 먹지를 만들 수 있으니 일반 먹지보다 더 예쁜 그림을 그릴 수 있지요. 크레파스로 만든 먹지에 조형의 기본 요소인 점과 선을 이용하여 그림을 그려보고, 크레파스의 독특한 특성을 이해해봅니다.

놀이를 시작하기 전에

먹지를 준비하여 보여주고 사용방법을 알려줍니다. 종이에 먹지를 대고 그림을 그려보게 합니다. 결과를 보고 먹지의 역할에 대하여 이야기를 나눠봅니다. "그런데 먹지는 검은색으로 그림이 그려지지. 색색의 먹지가 있다면 어떨까?"라고 말하고 크레파스로 색색의 먹지를 만들어보자고 합니다.

시작해보기

꼼꼼히 칠할수록 더 좋아요.

1 도화지를 반으로 접었다가 펼칩니다. 도화지 한쪽 면을 색색의 크레파스로 색칠합니다. 아이가 다 채우기는 어려우니 엄마가 색칠하기 놀이를 하면서 도와주세요.

2 종이를 다시 반으로 접고 볼펜으로 그림을 그립니다. 해바라기 꽃을 그려보세요. 동그라미를 크게 그리고, 꽃잎과 줄기, 잎도 그려넣습니다. 중간중간 종이를 열어보면서 어떻게 되었나 살펴봅니다.

| 준비물 | 도화지, 크레파스, 볼펜 |

 크레파스 먹지 위에 그린 달팽이

응용해 보아요!

- 전사하고 남은 크레파스 먹지에 검은색 물감을 칠합니다. 이때, 물감에 주방세제를 약간 섞어서 칠합니다. 그런 다음 물감이 마르기 전에 나무젓가락으로 그림을 그립니다.

요령 상자

- 전사 그림은 면보다는 주로 선으로 표현되므로 다양한 선이나 점을 많이 넣어 꾸며야 좋습니다.
- 흐린 색보다는 진한 색으로 색칠해야 더 잘 보입니다.
- 종이 크기는 16절 정도가 좋습니다.

겨울 풍경 만들기

6세 이상

큰 동그라미와 작은 동그라미가 만나면 무엇이 될까요? 겨울에 볼 수 있는 눈사람을 점토를 이용하여 입체적으로 표현해봅니다. 이때 투명 페트병을 이용하면 눈사람이 있는 겨울 풍경을 사실감 있게 표현해볼 수 있습니다. 직접 만든 눈사람 점토 장식을 아이방에 장식해두거나 친구에게 선물하면 아이가 뿌듯해한답니다.

놀이를 시작하기 전에

가장 인상 깊은 겨울 풍경을 생각하여 이야기해봅니다. 눈사람 사진을 보여주며 눈사람을 만들어보면 어떨지 아이의 생각을 물어봅니다. 눈사람은 어떤 모양인지 이야기해보고 점토를 이용하여 눈사람을 재미있게 만들어봅니다.

시작해보기

1 점토를 떼어 주무르다가 양손으로 굴려 동그랗게 만듭니다. 이 동그라미보다 더 크거나 더 작은 동그라미를 하나 더 같은 방법으로 만들고, 두 개를 이쑤시개를 이용하여 연결합니다.

2 색점토를 길게 말아 목도리를 만들어 눈사람에 감쌉니다. 모자와 장갑을 만들어 붙입니다. 모자는 병뚜껑을 이용해도 좋습니다.

3 완성된 눈사람을 우드락 위에 세워 붙인 후 투명 페트병을 반으로 잘라 뒤집어 씌웁니다.

4 면봉에 흰색 물감을 묻혀 용기 겉에 찍어서 눈 내리는 겨울 풍경을 표현합니다.

| 준비물 | 투명 페트병, 지점토, 색점토, 인형눈, 우드락, 이쑤시개, 병뚜껑, 면봉, 흰색 아크릴 물감 |

 응용해 보아요!

- 반구를 이용하면 재미있는 표현을 할 수 있습니다. 반구를 이용하여 작은 바닷속 세상이나 우주 공간을 표현해 보세요.

요령 상자

- 눈사람의 크기는 페트병이나 반구의 크기보다 작게 만듭니다.
- 볼스티로폼은 지점토가 마른 후 넣는 것이 좋습니다. 볼스티로폼이 반구 안에서 움직이게 됩니다.
- 반구는 크기가 여러 가지로 대형문구점에서 구입하실 수 있습니다.

재미있는 별자리책

밤하늘을 아름답게 수놓은 별자리에는 사물이나 동물을 형상화한 별자리도 있고, 재미있는 이야기가 얽힌 별자리도 있습니다. 별자리책을 만들어보면서 아이는 별자리에 대하여 관심을 갖게 되고 자연스럽게 과학적 사고를 기를 수 있습니다. 가장 인상깊게 보았던 별자리를 표현해보고 별자리 이야기도 꾸며보세요.

놀이를 시작하기 전에

별자리는 하늘의 별들을 찾아내기 쉽게 몇 개씩 이어 만들어진 형태에 동물, 물건, 신화 속의 인물 등의 이름을 붙여놓은 것이라고 알려줍니다. 책에서 봄, 여름, 가을, 겨울에 볼 수 있는 별자리를 찾아봅니다. 또, 기린자리나 왕관자리처럼 재미있는 별자리 이름을 찾아보고 아이가 별자리 이름을 만들어보아도 좋습니다. 가장 재미있는 별자리를 찾아 그 모양을 살펴봅니다.

시작해보기

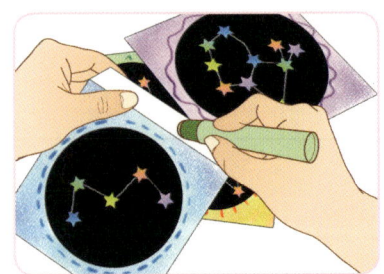

1 12X12cm 크기로 자른 검은색 색지를 4장 준비합니다. 검은색 색지 위에 별자리를 흰색 펜으로 그리고 별 스티커를 붙입니다.

2 검은색 색지를 각각 종이 CD케이스에 넣고 CD 케이스를 파스텔로 색칠하고 사인펜으로 무늬를 그려 넣습니다.

3 종이 CD케이스의 덮개 부분에 풀을 칠하고 다른 CD케이스의 덮개가 없는 쪽을 붙여서 길게 연결합니다.

준비물 종이 CD케이스, 검은색 색지, 흰색 펜, 별 스티커, 파스텔, 사인펜

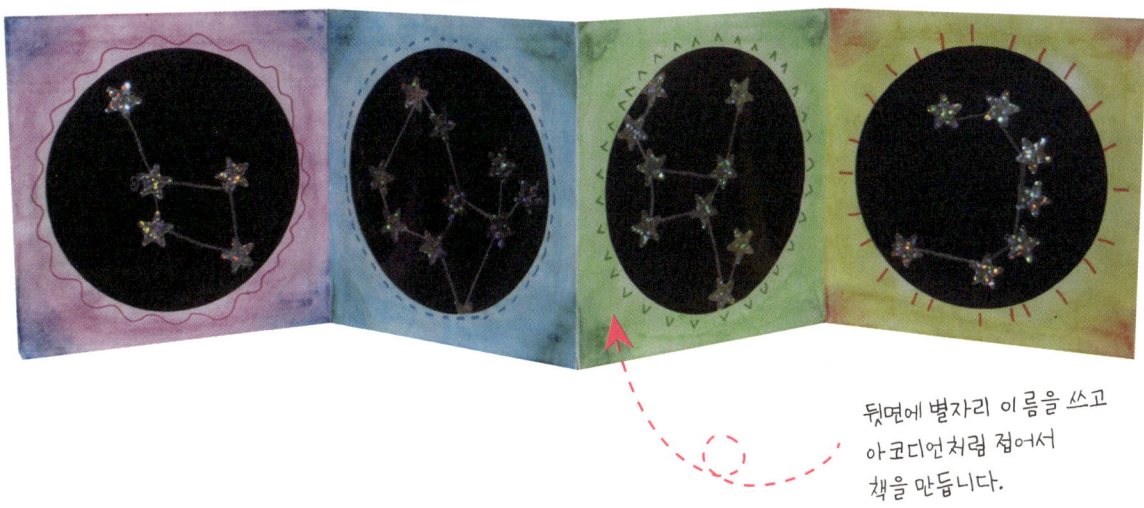

뒷면에 별자리 이름을 쓰고 아코디언처럼 접어서 책을 만듭니다.

 응용해 보아요!

- 연령대가 높은 아이는 가족 별자리, 내가 만든 별자리 등 다양한 주제로 놀이해보고 별자리에 얽힌 이야기도 꾸며보게 합니다.
- 야광별을 붙여서 밤에만 볼 수 있는 색다른 책을 만들어보세요.

요령 상자

- 별자리는 쉬운 모양을 선택하고, '동물 이름을 가진 별자리'와 같은 주제를 정해도 좋습니다.
- 별자리는 자료사진을 보고 직접 그리되, 그리기 어려워하는 아이는 엄마가 연필로 살짝 그려주고 아이가 흰색 펜으로 따라 그린 후 별 스티커를 붙이게 합니다.
- 별자리를 정보 중심으로 알려주면 어렵게 느낄 수 있습니다. 별자리를 만드는 토끼 이야기를 담은 동화책 『별자리를 만들어줄게』(2007)를 보여주면 아이가 더 재미있고 쉽게 이해할 수 있습니다.

관찰일기를 담은 꽃책

 6세 이상

꽃은 아이들에게 가장 친숙한 주제이면서 자연에 관심을 가지도록 하기에 좋은 주제입니다. 종이접기를 이용한 팝업으로 꽃이 피어나는 듯한 효과를 낸 꽃책을 만들면 아이의 흥미와 호기심을 이끌어낼 수 있습니다. 꽃의 모양, 색의 특징을 글과 관찰그림으로 표현하여 나만의 책을 만들어 봅니다.

놀이를 시작하기 전에

"봄에 피는 꽃은 무엇이 있을까? 엄마랑 찾아볼까?" 하고 질문하여 아이의 관심을 유도한 다음, 계절별로 피는 꽃이 다르다는 점을 알려주고 한 계절을 정하여 꽃의 종류를 찾아봅니다. 꽃의 모양, 색깔, 꽃잎의 개수 등 꽃 도감을 보면서 꽃의 특징을 알아봅니다.

시작해보기

1 흰색 정사각형 종이 4장을 사각주머니 접기 합니다. 꼭지를 기점으로 꽃 모양을 그리고 오립니다. 4장을 다른 모양으로 하면 더 좋습니다.

2 속지를 펼쳐서 꽃의 특징을 살려 그립니다. 꽃의 이름과 색, 모양 등을 글로 써넣습니다.

3 머메이드지의 한쪽 끝에 속지를 마름모꼴로 놓고 0.5cm 정도 여유분을 남기고 접습니다. 다른 쪽 끝도 같은 넓이로 접습니다.

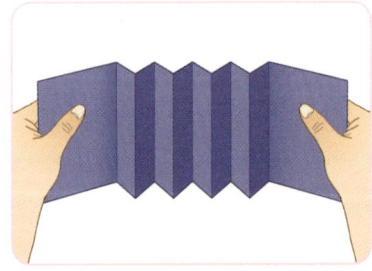

4 양쪽 끝에 접은 면을 제외한 가운데 부분을 6등분으로 지그재그 접습니다.

5 속지의 앞뒤에 풀을 칠하고 지그재그로 접은 면에 끼워넣어 붙입니다. 남은 3장도 같은 방법으로 각 면에 붙입니다.

6 표지에 제목을 쓰고 아코디언으로 접은 면에 구멍을 위, 아래 뚫은 후 장식끈을 끼워넣습니다. 끈 끝에는 장식구슬을 매달아 장식합니다.

| 준비물 | 흰색 정사각형 종이(15X15cm), 머메이드지(54X17cm), 사인펜, 색연필, 장식끈, 장식구슬 |

책을 보지 않을 때는 장식끈을 묶어서 보관합니다.

 응용해 보아요!

- 다양한 색의 종이를 사각주머니 접기 하여 색깔책을 만들어봅니다.
- 연령대가 낮은 아이는 같은 색을 가진 물건을 잡지에서 오려 속지 안에 붙이거나 같은 모양 찾아 붙이기 등 다양한 주제로 활용해봅니다.

요령 상자

- 사각주머니로 접은 속지에 그림을 그릴 때는 점선이 없는 면에 그립니다.
- 사각주머니에 그림과 글을 쓸 때는 속지를 마름모꼴로 펴놓고 써야 완성 후 똑바른 모양이 됩니다.

민화 속 물고기

우리의 옛그림인 민화는 호랑이나 물고기처럼 아이들에게 친숙한 주제를 많이 다루고 있습니다. 민화를 감상해보고 민화 속 주제를 나름대로 재구성하여 옛그림을 표현해봅니다. 서양미술 재료에 익숙한 아이들에게 우리의 전통 재료인 한지와 먹을 경험해보는 기회가 됩니다.

놀이를 시작하기 전에

민화를 준비하여 감상해봅니다. "민화 속에 나오는 게 무얼까? 생김새는 어떻지? 물고기는 몇 마리나 되지?" 민화 속 내용에 대하여 아이와 이야기를 나눠봅니다. 또, 어떤 사람들이 왜 이런 그림을 그렸는지에 대해서도 말해줍니다. 옛날 사람들은 한지나 비단에 먹으로 그림을 그렸던 것을 알려주고 우리도 옛날 사람처럼 먹으로 그림을 그려보자고 제안합니다.

시작해보기

바다나 강과 같은 배경을 그려넣어도 좋습니다.

1 한지 밑에 신문지를 깔고, 민화를 보고 붓으로 물고기를 그립니다. 연필로 밑그림을 그린 다음 붓펜이나 붓으로 따라 그려도 됩니다.

2 그림물감으로 물고기를 부분적으로 색칠하고 말립니다.

3 커피를 진하게 탄 커피물을 굵은 붓에 묻혀서 배경을 색칠하고, 약간 마른 후 다시 한번 칠합니다. 오래된 느낌이 나도록 얼룩얼룩하게 칠합니다.

준비물 민화자료, 붓펜이나 먹물, 그림물감, 한지, 커피물, 굵은 수채화 붓

민화와 나의 작품을 비교하여 감상해봅니다.

▶ 도자기에 그려진 물고기

응용해 보아요!

- 민화 속 주제는 동물, 새, 꽃 등 아이에게 친숙한 내용이 많습니다. 처음에는 따라 그려보기를 해보고 그다음에는 관심 있는 주제를 아이 나름대로 재구성하여 재미있게 그려보게 합니다.
- 물고기는 민화뿐 아니라 도자기에도 자주 등장하는 주제입니다. 물고기 그림이 있는 도자기를 찾아 감상해보고 표현해보세요.

요령 상자

- 커피물을 만들 때는 물에 커피만 진하게 탑니다.
- 한지 밑에 신문지를 깔고 칠해야 흡수가 되어 색칠이 잘 됩니다.

전통 부채 만들기

 7세 이상

선풍기와 에어컨도 좋지만 자신이 직접 만든 부채만큼 시원하고 좋은 물건이 있을까요? 옛날 사람들이 사용했던 전통 부채의 모양과 디자인을 감상해보고 한지를 이용하여 만들어봅니다. 옛날 부채에 사군자를 그려보면서 옛그림의 특징과 의미를 알아봅니다.

놀이를 시작하기 전에

부채는 언제 사용하는 물건인지 이야기해보고 우리나라 전통 부채의 모양은 어떤 것이 있는지 살펴봅니다. 부채에는 어떤 그림이 그려져 있는지, 부채 속 그림도 감상합니다.

시작해보기

철사를 다루는 것은 아이가 하기에 위험할 수 있으니 엄마가 만들어주세요.

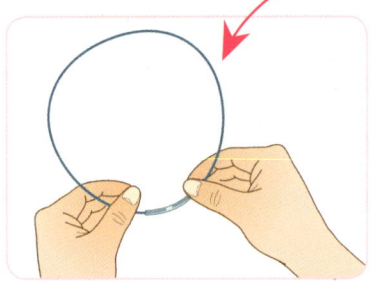

1 철사를 동그랗게 만들고 투명테이프로 고정한 다음 철사를 원하는 모양으로 만듭니다.

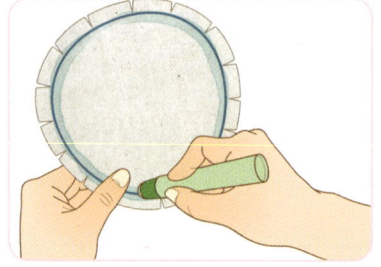

2 한지에 철사를 올려놓고 투명테이프로 고정합니다. 한지는 철사 모양보다 3~4cm 더 크게 오리고 가장자리에 가윗집을 냅니다. 철사 안쪽으로 딱풀로 붙여 넣습니다.

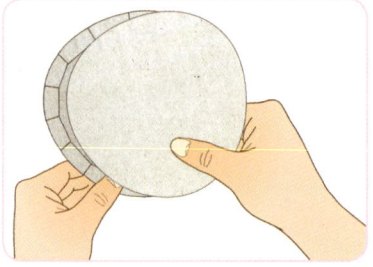

3 다른 한지에 2번을 올려놓고 모양을 똑같이 따라 그린 다음 약간 작게 오립니다. 2번에 시접이 보이지 않도록 붙여줍니다.

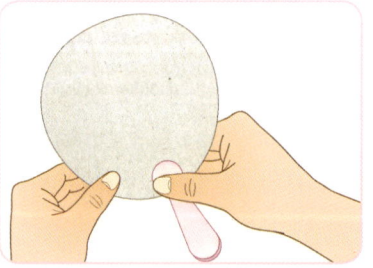

4 갈색 하드보드지로 손잡이를 두 개 만들고 부채의 앞, 뒤에 맞추어 글루건으로 붙입니다.

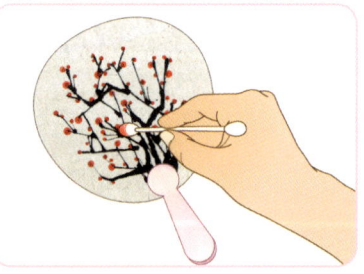

5 먹물을 떨어뜨리고 입김을 불어 매화나무를 표현합니다. 매화꽃은 면봉에 물감을 묻혀 찍어 그립니다. 난초는 휴지에 먹물을 묻혀 찍어 바위를 표현하고 면봉으로 난을 그립니다.

| 준비물 | 두꺼운 한지 2장, 철사, 투명테이프, 딱풀, 가위, 먹물, 면봉, 갈색 하드보드지, 글루건 |

자기 이름을 쓰고 손 지문을 찍어보세요.

 응용해 보아요!

- 연령대가 낮은 아이는 찍기를 이용하여 표현해볼 수 있습니다. 당근을 반으로 자르고 이쑤시개로 태극문양과 같이 가운데 부분에 선을 그려넣습니다. 위, 아래에 빨간색과 파란색을 칠한 후 한지 위에 찍습니다. 같은 방법으로 여러 번 찍어 장식합니다. 완성된 한지를 부채 모양으로 오린 다음 코팅을 하고, 손잡이는 아이스크림 막대를 붙이거나 하드보드지를 붙여줍니다.

요령 상자

- 부채 그림은 산수화나 사군자를 그려서 전통 부채의 느낌을 살려봅니다.
- 매화를 그릴 때 한지가 흡수성이 좋아 먹물이 잘 불어지지 않을 수 있습니다. 조각 한지로 연습해보고 잘 퍼지지 않으면 난초를 그립니다.

삐뽀삐뽀 소방차 만들기

소방차는 독특한 모양을 하고 있어서 아이들이 좋아하는 주제입니다. 상자와 폐품을 이용해 소방차를 만들면서 소방차의 역할에 대해 자연스럽게 알게 되고 소방관 아저씨에게 감사하는 마음도 가져볼 수 있습니다. 상자를 이용한 만들기 놀이를 통해 공간 지각력을 키워주세요.

놀이를 시작하기 전에

소방차는 무엇을 하는 차인지 소방서에 찾아가 직접 보아도 좋고 사진을 준비하여 보여주어도 좋습니다. 무슨 색인지, 버스나 승용차와 무엇이 다른지 소방차의 특징에 대해서도 알아봅니다.

시작해보기

칼은 위험하니 엄마가 도와주세요.

1 길쭉한 과자상자를 빨간색 색지로 전체를 싸고, 상자의 가운데 부분을 칼로 잘라냅니다.

2 흰 종이를 오려 창문에 붙이고 모루를 감아 호스를 만들어 차에 붙입니다.

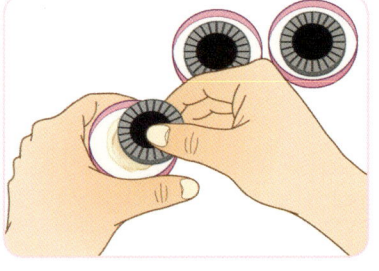

3 종이컵의 밑면만 남기고 오린 다음 병뚜껑을 붙이고 장식하여 바퀴 네 개를 만듭니다.

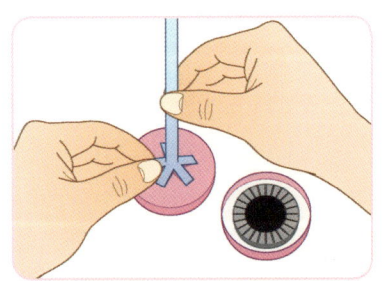

4 빨대를 상자의 가로 크기보다 길게 자르고 양쪽 끝에 가윗집을 낸 다음 바퀴에 투명테이프로 붙입니다.

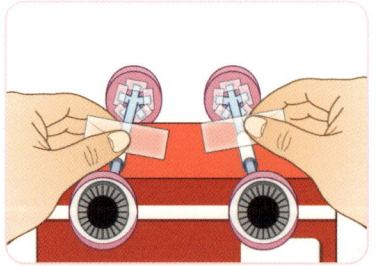

5 종이를 말아 빨대 중간에 감아 붙인 다음 차의 밑면에 테이프로 붙여주면 바퀴가 굴러갑니다.

6 병뚜껑이나 수수깡을 이용하여 소방차를 꾸미고 빨대를 사다리 모양으로 만든 후 차 안에 넣습니다.

| 준비물 | 상자, 색지, 색종이, 빨대, 모루, 종이컵, 수수깡, 병뚜껑, 기타 꾸밀 폐품재료 |

자~ 이제 소방차 소리를
내며 불을 끄러 가볼까요?
소방차 놀이를 해보세요.

 응용해 보아요!

- 소방관, 경찰관, 우체부 아저씨 등 우리 주변에서 고마운 분들을 찾아보고 감사하는 마음을 전하는 편지책을 만들어보세요.

요령 상자

- 소방차의 바퀴는 못 쓰는 장난감 바퀴를 이용해도 좋습니다.
- 아이가 소방차의 특징을 알 수 있도록 먼저 그림으로 그려보고 폐품을 이용하여 입체로 만들어보는 것이 좋습니다.

과일 모양 선글라스

주변에서 흔히 보던 사물을 다른 시각으로 활용해보면 상상력과 표현력이 자라납니다. 아이가 좋아하는 과일의 모양을 이용하여 선글라스를 디자인하고 과일의 특징을 표현해봅니다. 세상에 하나밖에 없는 나만의 선글라스를 쓸 수 있어 아이들이 즐거워하는 미술놀이입니다.

놀이를 시작하기 전에

선글라스는 어떤 물건인지 알아보고 다양한 디자인의 선글라스를 자료사진으로 보여줍니다. 어떤 선글라스 모양을 만들면 좋을지 생각해봅니다. "과일 모양은 어떨까?", "ㅇㅇ가 제일 좋아하는 과일이 뭐지?, "우리 딸기로 선글라스를 만들어볼까?" 아이가 좋아하는 과일을 정했으면, 과일의 모양과 색의 특징을 이야기해보고 만들기를 시작합니다.

시작해보기

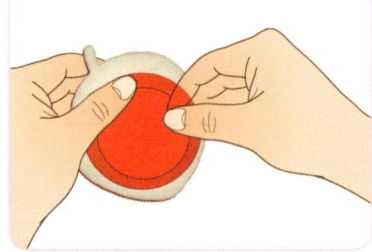

1 두꺼운 종이에 과일 모양을 유성매직으로 그리고 색칠한 다음 오려냅니다. 엄마가 과일 모양의 가운데 부분을 적당한 크기로 동그랗게 구멍을 뚫어줍니다.

2 셀로판지를 과일 모양 종이 크기에 맞게 자르고 종이 뒤쪽에 딱풀로 붙입니다.

3 펀치로 종이 양쪽에 구멍을 뚫고 모루로 과일을 연결하여 안경 모양을 만듭니다. 긴 모루를 남은 구멍 안에 끼우고 줄을 꼬아서 다리를 만듭니다.

| 준비물 | 두꺼운 종이, 셀로판지, 유성매직, 모루, 딱풀, 펀치 |

눈에 써보아요.
사물이 어떻게 보이나요?

 응용해 보아요!

- 연령대가 낮은 아이는 종이컵이나 소주컵의 밑면을 이용하면 쉽게 만들 수 있습니다. 컵의 밑면을 하트 모양이나 네모, 동그라미 등 원하는 모양을 뚫고 장식한 후 모루나 빵끈을 이용하여 안경 다리를 만듭니다.
- 시중에 나와 있는 알이 없는 장난감 안경테를 스팡클, 비즈, 깃털 등 다양한 재료를 붙여서 나만의 멋진 안경으로 재활용해보세요.

요령 상자

- 아이의 얼굴이 작으므로 크기를 고려하여 과일 모양을 그리고 두 개를 연결할 때 아이 얼굴에 맞게 길이를 잘 조절해줍니다.
- 선글라스 양쪽에 다른 색 셀로판지를 붙이면 어지럽습니다. 같은 색을 붙이세요.
- 너무 오랫동안 착용하면 시력에 좋지 않습니다.

옷걸이 나비 만들기

생활 주변에서 볼 수 있는 폐품들은 훌륭한 미술 재료가 됩니다. 철사로 된 옷걸이는 아이 혼자 다루기에 어려운 재료이지만, 세모 모양을 활용하되 약간만 변형해서 다양한 사물을 표현할 수 있습니다. 같은 모양으로 구부린 옷걸이를 서로 마주보게 붙여 나비를 표현해보면서 대칭의 이미지를 배워봅니다.

놀이를 시작하기 전에

나비 그림이나 사진을 보고 나비의 아름다운 모양과 무늬를 감상합니다. 음악을 틀어놓고 나비가 날아가는 모습을 몸으로 표현해보아도 좋습니다.

시작해보기

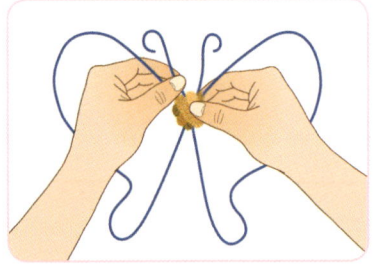 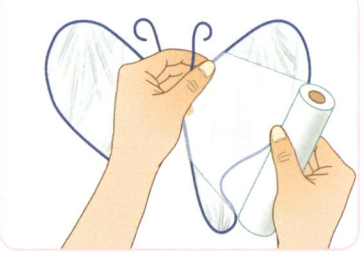 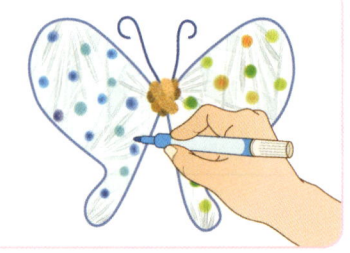

1 옷걸이를 나비의 한쪽 날개 모양으로 구부리는데, 걸이 부분은 더듬이로 표현합니다. 구부린 옷걸이 두 개를 모루로 연결하여 나비 모양을 만듭니다.

2 랩으로 옷걸이를 돌려감아 쌉니다. 가장자리는 손으로 꾹꾹 눌러서 모양을 만듭니다.

3 유성매직으로 색을 칠하거나 동그라미 등을 그려서 나비의 날개를 장식합니다. 색종이를 다양한 모양으로 잘라 자유롭게 붙입니다.

준비물 옷걸이, 랩, 유성매직, 모루, 색종이

동요 "나비야"를 부르면서 '나비'라는 글자가 나올 때 날개를 펄럭여봅니다.

➡ 옷걸이로 만든 수건걸이

 응용해 보아요!

- 옷걸이로 다양한 조형활동을 해보세요. 옷걸이의 아랫부분을 잡아당겨 마름모꼴로 만들면 물고기를 표현할 수 있습니다. 또, 옷걸이의 아랫부분을 조금 잘라내고 랩 말대를 끼우면 수건걸이로 만들 수 있습니다.

요령 상자

- 옷걸이는 아이가 구부리기 어려우므로 엄마가 구부려놓거나 아이와 함께 잡고 구부려보세요.
- 랩이 잘 엉키니 랩을 펼쳐놓고 그 위에 옷걸이를 놓은 후 천천히 감쌉니다.

동물원 만들기

아이가 좋아하는 동물들을 여러 가지 폐품을 활용하여 표현해봅니다. 폐품의 모양을 보고 동물의 특징과 연결하여 구상하면서 동물을 만들어보고, 완성한 동물들로 멋진 동물원을 꾸며보세요.

놀이를 시작하기 전에

동물원에서 보았던 동물 이름을 이야기해보세요. 가장 인상 깊었던 동물을 물어봅니다. 여러 동물의 모양과 특징을 알아보고, 요구르트 용기, 계란판, 종이컵, 우유팩, 용기뚜껑 등 다양한 폐품을 준비하여 보여주고 비슷한 동물을 생각해봅니다.

시작해보기

단추구멍으로 코를, 인형눈으로 눈을 표현합니다.

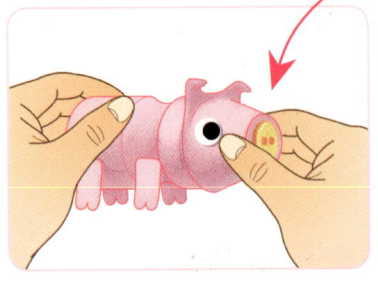

1 요구르트 용기를 아크릴 물감으로 색칠하여 말리고 용기 입구에 계란판을 붙여서 돼지를 만듭니다.

2 부직포에 백조 몸체 모양을 그려서 두 장을 오려내고 요플레 통을 안에 넣고 마주보게 붙입니다. 날개도 부직포로 오려붙이고 인형눈, 색종이로 얼굴을 꾸며줍니다.

3 케찹병 뚜껑이나 풀 뚜껑에 인형눈을 붙이고 색종이로 날개를 오려붙여서 작은 새를 만듭니다.

4 우유팩을 흰 종이로 싸서 젖소의 몸체를 만들고 검은색 색종이를 찢어 붙여서 얼룩무늬를 꾸며줍니다. 젖소의 얼굴은 따로 만들어서 젖소 몸체에 붙여줍니다.

5 토끼는 종이컵을 뒤집은 다음 색종이로 귀를 오려붙이고 인형눈, 색 볼로 얼굴을 표현합니다.

준비물 요구르트 용기, 계란판, 종이컵, 케찹병 뚜껑, 우유팩, 색종이, 인형눈, 색볼(뽕뽕이), 부직포

동물 작품을 모아 나만의 동물원을 만들어보세요.

응용해 보아요!

- 연령대가 낮은 아이는 종이접기를 이용하여 각각의 동물을 만들어봅니다. 동물무늬 색종이를 이용하면 동물의 특징을 더 잘 나타낼 수 있습니다.
- 각각의 동물을 색종이로 접어서 표현한 후 상자를 이용하여 동물원을 꾸며봅니다.

요령 상자

- 각 폐품의 특징을 이용합니다. 요구르트 용기나 우유팩은 몸체를 표현하고 작은 폐품은 얼굴을 만드는 데 이용합니다.
- 둥근 물체는 색을 칠해서 사용하고 네모난 우유팩은 종이로 싸서 표현합니다.
- 우드락을 원하는 크기로 잘라서 울타리를 만들고 집이나 나무를 만들어 꾸민 후 완성된 동물을 구성하면 멋진 동물원이 완성됩니다.

신비한 우주 꾸미기

5세 이상

우주는 어린 아이들이 떠올리기에 어려운 주제일 수 있습니다. 그러나 재미있는 미술놀이를 통하여 우주라는 공간을 알게 되고 상상력과 호기심을 자극할 수 있습니다. 상자를 이용하여 우주공간을 표현해보면서 공간지각력과 구성력도 기릅니다.

놀이를 시작하기 전에

"우주에는 누가 살고 있을까?", "내가 우주인이 되어서 우주를 갈 수 있다면 어떨까?", "우주를 가려면 무엇을 타고 가야 하지?" 아이가 우주에 대하여 상상한 것을 자유롭게 이야기하게 합니다. 상상 속의 우주를 직접 만들어보자고 제안합니다.

시작해보기

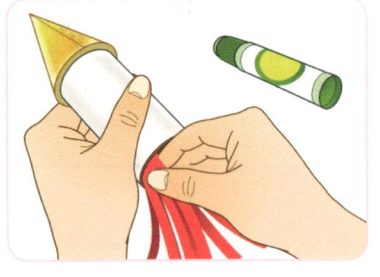

배경에 야광스티커를 붙여서 장식합니다.

1 휴지심을 쿠킹호일로 쌉니다. 색종이로 원뿔을 만들어 휴지심에 씌우고 반대쪽에는 가윗집을 낸 색종이를 붙여 로켓에서 뿜어져 나오는 불을 표현합니다.

2 우주선은 종이컵을 돌려가며 가윗집을 내어 펼친 후 색볼과 쿠킹호일을 붙여서 장식합니다. 색볼이나 동그랗게 말은 쿠킹호일을 빵끈으로 감아 행성을 만듭니다.

3 상자 안쪽을 검은색 아크릴 물감으로 색칠하고 마르기 전에 반짝이 가루를 뿌려서 신비한 우주의 배경을 만듭니다. 우주선과 행성은 상자에 붙이고 로켓은 빵끈을 달아 상자 위쪽에 매달아 흔들리게 구성합니다.

준비물 상자, 아크릴 물감, 종이컵, 휴지심, 쿠킹호일, 빵끈, 반짝이 가루, 색볼(뽕뽕이), 색종이, 야광스티커

완성한 작품을 이용하여 재미있는 이야기를 만들어보세요.

 응용해 보아요!

- 연령대가 낮은 아이에게 우주는 다소 어려운 주제입니다. 종이컵 사이에 CD를 붙여서 우주선을 만들고 요구르트 용기로 외계인을 만들어 우주선에서 외계인이 나오는 것과 같은 상상놀이로 재미있게 접근합니다.

요령 상자

- 배경이 되는 상자는 우주선, 로켓 등이 충분히 들어갈 수 있는 크기로 준비하세요.
- 사과박스와 같이 큰 상자를 이용하면 공동작품으로 커다란 우주세계를 만들 수 있습니다.

5

정서 발달 미술놀이

아주 어린 아기도 손에 잡히는 대로 끄적거리는 것을 볼 수 있는데, 이는 무언가를 표현하려는 욕구라 할 수 있으며, 또한 인간의 본능이기도 합니다. 미술은 이러한 인간의 욕구를 만족시켜주는 활동이지요. 유아들은 본 것만을 그리지 않고 자기가 보고 느끼고 생각하고 경험한 모든 것을 표현하려고 합니다. 따라서 미술 활동은 훌륭한 자아 표현의 수단이라 할 수 있습니다. 그림 속에서는 아이가 원하는 어떤 것도 가능하며 그림을 통해 아이는 분노, 기쁨, 슬픔 등을 표현할 수 있어, 특히 언어가 미숙한 아이에게 미술 활동을 통한 표현은 정서발달을 위한 아주 중요한 매개체가 됩니다.

아빠 넥타이 염색

 5세 이상

우리의 생활 속에서도 미술활동을 위한 소재를 찾아볼 수 있습니다. 아빠의 넥타이도 좋은 주제가 되지요. 물감으로 염색을 해보고, 또 물감과 크레파스의 배수성을 이용한 비밀그림으로 아빠 넥타이를 꾸미는 미술놀이를 하면서 아이는 다양한 표현방법을 배웁니다. 완성한 넥타이는 아빠에게 선물하여 사랑하는 마음을 전해보세요.

놀이를 시작하기 전에

여러 가지 무늬와 색의 넥타이를 아이에게 보여줍니다. 아빠가 좋아하는 넥타이는 어떤 것일까 생각해보고 아빠에게 직접 넥타이를 만들어 선물하면 어떨지 제안해봅니다.

시작해보기

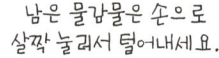
남은 물감물은 손으로 살짝 눌러서 털어내세요.

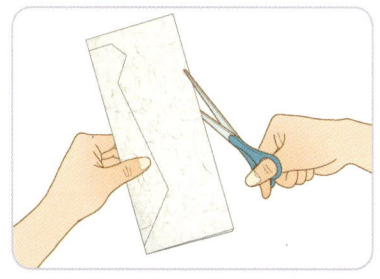

1 화선지를 반으로 접어서 넥타이 모양을 반만 그리고 오려냅니다. 넥타이 그리기는 엄마가 해주세요.

2 오려낸 넥타이를 펼치고 흰색 크레파스로 무늬를 그립니다. 여러 가지 선이나 동그라미, 세모, 네모, 하트, 별 등 간단한 모양을 반복하여 그려넣어 패턴을 만드는 게 좋습니다.

3 화선지 넥타이를 아이 손바닥 크기가 될 때까지 여러 번 접은 후 두세 가지 색의 물감물에 담가서 물을 들입니다. 신문지 위에 올려놓고 휴지로 눌러서 남은 물을 흡수시킵니다. 엄마가 조심조심 펼쳐주세요.

준비물 화선지, 흰색 크레파스, 물감물, 휴지

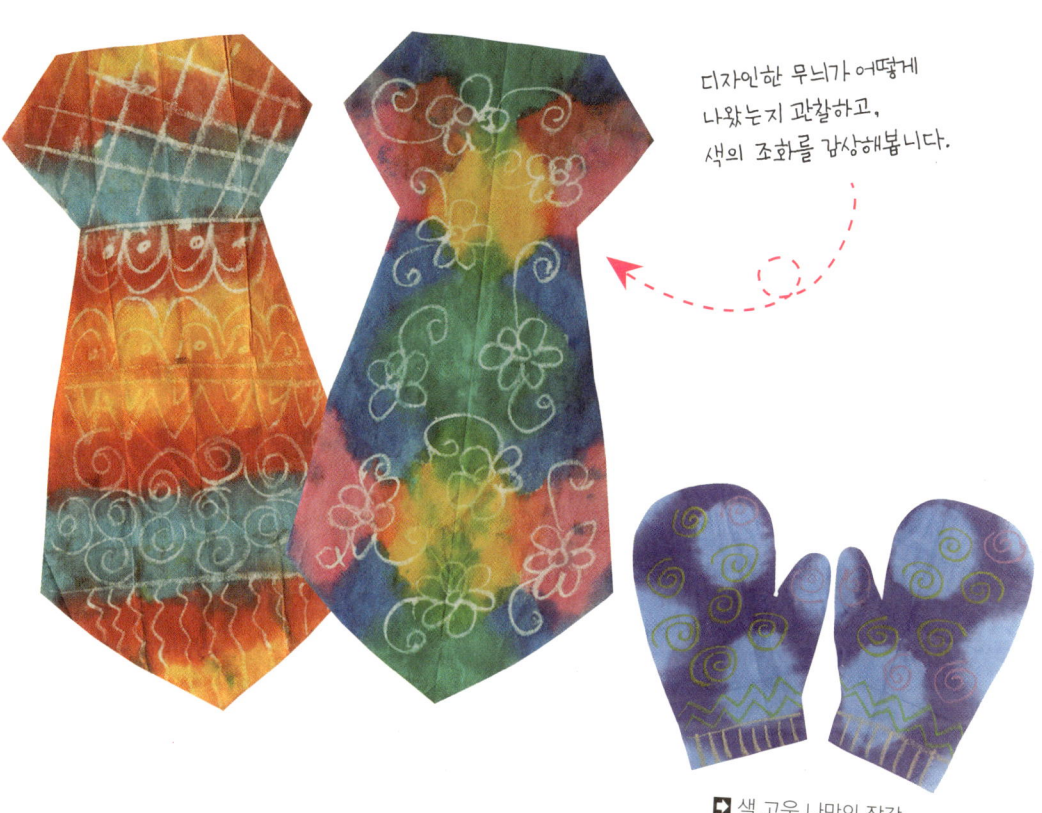

디자인한 무늬가 어떻게 나왔는지 관찰하고, 색의 조화를 감상해봅니다.

▶ 색 고운 나만의 장갑

응용해 보아요!

- 완성한 넥타이를 도화지에 붙이고 아빠를 그려봅니다.
- 넥타이뿐 아니라 같은 방법으로 엄마 손수건, 내 장갑 등도 꾸며볼 수 있답니다.

요령 상자

- 젖은 화선지는 찢어지기 쉬우므로 드라이기로 말리면 쉽게 펼칠 수 있습니다.
- '손에 안 묻는 크레파스'는 배수성의 효과가 떨어지므로 일반 크레파스(사용할 때 찌꺼기가 나오는 것)를 사용합니다.
- 화선지 속까지 염색이 되도록 물감물에 충분히 담급니다.

내 몸 그림

6세 이상

나의 몸은 어떻게 생겼을까? 나의 몸과 같은 크기로 만들어진 내 몸 그림을 보면서 자신의 신체에 대해 관심을 가질 수 있고, 또 자아에 대한 새로운 인식도 얻게 됩니다. 완성한 내 몸 그림을 이용하여 다양한 포즈를 취해보면서 관절의 표현도 익히고 몸의 소중함도 느껴보는 놀이입니다.

놀이를 시작하기 전에

얼굴, 어깨, 가슴, 배, 무릎, 발 등 각 부분을 알아맞히는 놀이를 해봅니다. 내 얼굴은 어떻게 생겼는지 관찰해보고 몸의 각 부분의 모양과 특징도 알아본 다음 내 몸 그리기 활동을 시작합니다.

시작해보기

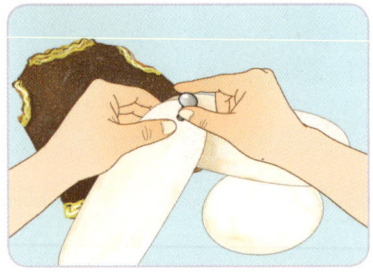

1. 두꺼운 종이 전지를 펼쳐놓고 아이를 눕힌 후 크레파스로 아이의 몸을 따라 그립니다. 그런 다음 얼굴, 팔, 몸, 다리 부분을 가위로 자르고 할핀으로 연결하여 움직일 수 있게 만듭니다.

2. 얼굴과 팔, 다리를 크레파스로 색칠합니다. 내 얼굴의 특징을 생각하면서 머리는 털실로 꾸며줍니다. 포장지를 오려서 상의와 하의, 신발을 만들어 붙이고, 색볼과 스팡클을 붙여서 꾸며줍니다.

준비물 두꺼운 종이 전지, 할핀, 털실, 포장지, 크레파스, 단추, 인형눈, 색볼, 스팡클

나의 모습을 움직여 다양한 포즈를 만들어봅니다. 팔다리가 어떻게 구부러지는지 관찰하여 표현해보세요.

 응용해 보아요!

- 완성한 몸 그림을 여러 가지 포즈로 만들어보고 그 모습을 간단히 그림으로 그려봅니다. 인물을 획일적으로 표현하던 것에서 벗어나 생동감 있는 표현을 할 수 있습니다.

요령 상자

- 포장지 위에 몸 그림을 올려놓고 모양을 따라 그린 다음 오리면 옷의 크기를 쉽게 맞출 수 있습니다.
- 옷을 만들기 전에 아이가 원하는 스타일이 무엇인지 이야기를 나누어본 다음 상의, 하의, 신발 순으로 나누어 엄마와 함께 꾸며보세요.

우리 가족 커플티

5세 이상

가족 모두 똑같은 티셔츠를 입고 나들이를 나가보면 어떨까요? 가족이 함께 의논하여 우리 가족을 나타낼 수 있는 티셔츠를 디자인해봅니다. 같은 이미지를 반복해서 찍을 수 있는 판화기법을 이용하면 쉽게 만들 수 있습니다. 가족 커플티를 만들고 함께 입으면 가족에 대한 애정이 한층 더 자라날 것입니다.

놀이를 시작하기 전에

다른 옷에 있는 무늬들을 관찰해보고 우리 가족을 위한 가족 커플티를 구상합니다. 아빠가 먼저 이미지를 그리고 그다음 엄마가 덧그리고 마지막으로 아이가 덧그리는 식으로 온 가족이 참여해도 좋습니다. 예를 들면, 아빠가 하트를 그리면 엄마는 하트에 색을 칠하고 아이는 눈, 코, 입, 팔을 그려넣는 식으로 이미지를 계속 더해나가는 것이지요.

시작해보기

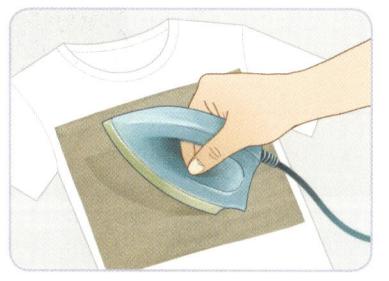

1 가족 커플티에 꾸밀 무늬를 사포에 크레파스로 그려넣습니다. 색칠을 진하게 해야 티셔츠 위에 그림이 잘 찍힙니다.

2 흰색 면티셔츠 위에 사포 그림을 덮고 다리미로 다립니다.

3 사포를 조심조심 떼어냅니다. 떼어낸 사포에 다시 크레파스로 진하게 색칠한 후 다른 티셔츠 위에 덮고 다리미로 다립니다. 가족 수만큼 같은 무늬를 찍어냅니다.

준비물 흰색 면티셔츠(가족 수만큼), 크레파스, 사포, 다리미

가족 모두 디자인한 티셔츠를 입고 패션쇼를 해보세요.

응용해 보아요!

- 면티셔츠를 꾸미는 가장 쉬운 방법은 염색 색종이를 이용하는 것입니다. 염색 색종이는 일반 색종이와 모양이 똑같습니다. 원하는 무늬를 오려서 티 위에 놓고 다리미로 다리면 염색이 된답니다.
- 염색 물감을 이용하면 좀 더 섬세한 이미지를 직접 그려넣을 수 있습니다. 이때 염색 후에 티셔츠를 한 번 삶아야 색이 지워지지 않습니다.

요령 상자

- 판화는 찍어내면 이미지의 방향이 바뀝니다. 글자는 거꾸로 써야 올바르게 찍혀 나옵니다.
- 크레파스가 다리미의 열로 녹아 면티셔츠에 전사되는 원리이므로 크레파스를 사포에 진하게 칠해야 전사가 잘 됩니다.

우산 꾸미기

일상생활에서 많이 쓰는 물건들을 직접 꾸며보세요. 세상에 단 하나뿐인, 나만의 개성이 담긴 물건이 될 뿐만 아니라 아이는 사물에 대한 소중함을 알게 됩니다. 우산의 용도와 모양을 살펴보고 시트지를 이용하여 우산을 자유롭게 꾸며보면서 디자인과 미적 감각을 키울 수 있습니다.

놀이를 시작하기 전에

이 놀이는 비가 오는 날 하기에 좋습니다. 먼저 비가 오는 소리를 들어보세요. '비가 창문을 두드리는 소리', '비가 미끄럼을 타는 소리'처럼 말로 표현해봅니다. 비가 올 때 필요한 것은 무엇이 있는지 이야기를 나누어보고 나만의 우산을 만들어서 나가보자고 제안해보세요. 간단한 무늬가 있는 우산을 보여주고 어떤 무늬를 넣으면 좋을지 생각해보아도 좋습니다.

시작해보기

 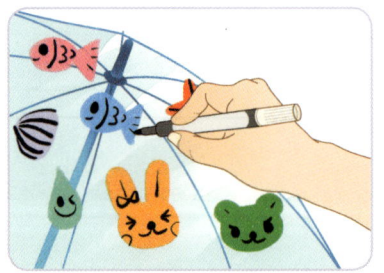

1 시트지를 원하는 모양으로 잘라서 우산 위에 붙입니다. 동그라미, 세모, 네모 등 도형을 하나씩 오려붙여도 좋고 도형을 서로 덧붙여서 동물이나 꽃처럼 아이가 좋아하는 간단한 사물을 표현해도 좋습니다.

2 유성매직으로 각 도형 무늬에 선이나 점 등을 덧그려서 꾸며줍니다.

| 준비물 | 무늬가 없는 투명 우산, 유성매직, 시트지, 가위, 신문지, 인형눈 |

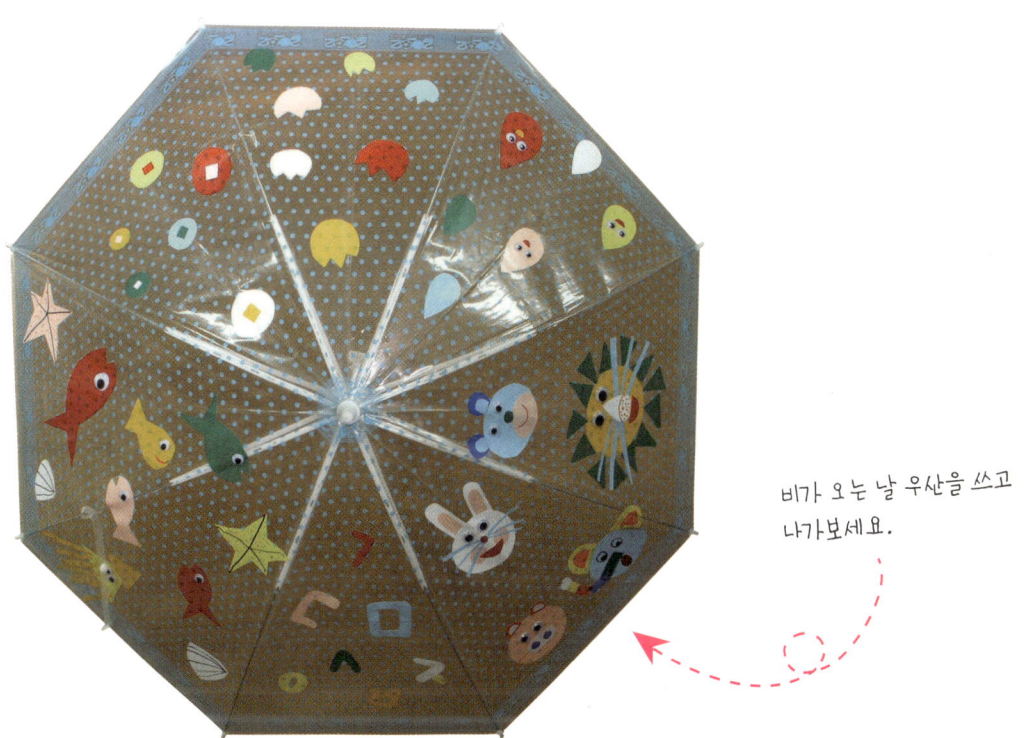

비가 오는 날 우산을 쓰고 나가보세요.

 응용해 보아요!

- 비옷도 직접 꾸며볼 수 있습니다. 친구끼리 비옷을 입고 상대방의 비옷에 그림을 그려주어도 좋습니다. 유성매직이나 아크릴 물감을 이용해야 지워지지 않아요.

요령 상자

- 아이 혼자 무늬를 직접 오리기는 어렵습니다. 시트지 뒷면에 무늬를 그리고 가위로 오려냅니다. 무늬 그리기를 어려워하는 아이는 비슷한 모양의 사물을 대고 따라 그려도 좋습니다. 예를 들어 동그라미를 그릴 때는 병뚜껑이나 종이컵을 대면 훨씬 쉽겠지요.
- 신문지를 길게 찢어서 천장에 붙여 비를 표현하고 그 아래를 아이가 만든 우산을 쓰고 다니면서 비 오는 날 놀이를 해보세요.

아낌없이 주는 나무

여러 가지 이미지로 가득한 잡지는 색 감각과 형태 감각을 기르기에 알맞은 자료입니다. 잡지에 있는 다양한 이미지를 활용하여 나무를 꾸며보세요. 이 나무는 그냥 나무가 아니라 무엇이든지 열리는 요술나무입니다. 아낌없이 주는 나무를 만들면서 가족에게 사랑의 마음을 전하는 방법을 배운답니다.

놀이를 시작하기 전에

사과처럼 나무에서 열리는 과일을 아이에게 보여주고, 다양한 열매가 열리는 나무에 대하여 이야기를 나누어봅니다. 만약 나무에 열매가 아닌 다른 것이 열린다면 어떨지 아이와 함께 상상해보세요. '책이 열리는 나무'처럼 다양한 생각들을 이야기해보고, 아빠를 위한 나무 만들기를 시작합니다.

시작해보기

1 잡지에서 나무색과 비슷한 색의 사진이 있는 페이지를 찾아 찢어냅니다. 그리고 이것을 도화지에 약간 구겨 붙여서 나무의 몸체를 표현해 주세요.

2 이번에는 비슷한 색의 종이를 돌돌 말아 붙여서 가지를 만듭니다.

3 이 나무에는 무엇이 열릴까 생각해 보면서 잡지에서 찾아 오려냅니다. 그리고 나뭇가지 위에 붙여서 꾸며줍니다.

준비물 잡지, 도화지, 가위, 풀

 응용해 보아요!

- 잡지를 이용하여 다양한 놀이를 해봅니다. 잡지에서 여러 물건을 오린 후 같은 색으로 나누어보거나 비슷한 모양으로 분류해봅니다.
- 잡지에서 다양한 사물과 글자를 오려서 코팅을 한 후 찍찍이를 붙여 사물의 모양과 글자를 서로 맞추어보는 놀이를 합니다.

요령 상자

- 복잡한 이미지를 자르는 것은 아이가 어려워할 수 있습니다. 가위질이 서툰 아이는 엄마가 직접 잘라주는 것보다는 연필로 간단하게 테두리를 그려주고 그 선을 따라 오리게 합니다.

립스틱 그림

아이들은 엄마가 바르는 화장품에 관심이 많습니다. 그래서 여자아이들은 엄마의 립스틱을 직접 발라보기도 하면서 행복해합니다. 물감이 아닌 립스틱을 이용한 그림은 어른을 흉내내고 싶어하는 이 시기 아이들의 욕구를 만족시키고, 립스틱의 부드러운 감촉은 안정감을 줍니다.

놀이를 시작하기 전에

안 쓰는 진한 색 립스틱을 준비해주세요. 종이 위에 립스틱으로 선을 그려보게 하고 크레파스와 어떻게 다른지 느낌을 이야기해봅니다. 립스틱으로 여러 가지 선도 그려보고, 점도 찍어보고 색도 칠해보며 다양하게 표현해보는 시간을 갖습니다.

시작해보기

1 도화지에 파스텔로 색칠하고 휴지로 전체를 문질러 남은 가루를 털어냅니다.

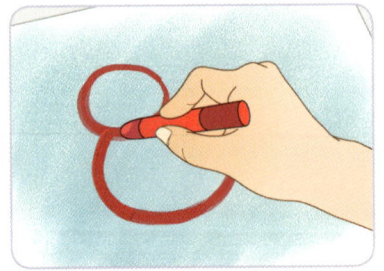

2 립스틱으로 큰 동그라미와 작은 동그라미를 그려서 코끼리의 몸체와 머리 부분을 표현합니다.

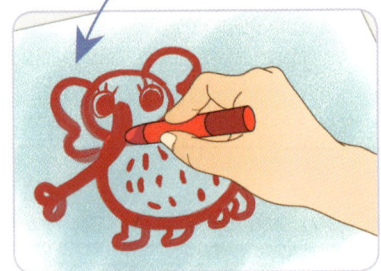

코끼리가 무엇을 좋아하는지 생각해보고 배경에 자유롭게 그려넣어 보세요.

3 코끼리의 코를 길게 그린 다음 색칠하고 눈과 귀도 그려넣습니다. 몸에는 립스틱으로 점을 찍어서 색칠하고 완전히 말려주세요.

| 준비물 | 도화지, 파스텔, 립스틱 |

 응용해 보아요!

- 립스틱을 입술에 바르고 도화지 위에 찍어보세요. 재미있는 입술 모양이 찍힙니다. 찍힌 입술 모양에서 연상되는 것들을 자유롭게 그려봅니다.

요령 상자

- 립스틱은 진한 색이 더 잘 표현됩니다.
- 립스틱 그림이 마른 후에도 손에 묻을 수가 있습니다. 그럴 경우 투명시트지를 붙여주세요.

식탁매트 꾸미기

시트지는 한 면이 접착면으로 되어 있어서 어린 아이도 쉽게 재료를 덧붙여 꾸밀 수 있습니다. 이번 놀이는 시트지에 색 한지와 나뭇잎 등을 붙여서 예쁜 식탁매트를 만들어보는 시간입니다. 아이는 색 한지를 손으로 자유롭게 찢어보면서 소근육의 힘을 기를 수 있을 뿐만 아니라, 자신이 꾸민 매트를 직접 사용하면서 만족감과 자신감을 얻을 수 있습니다.

놀이를 시작하기 전에

색한지를 반으로 접은 후 펼쳐서 접은 선을 따라서 손으로 찢어봅니다. 다시 반으로 길게 접은 후 펼쳐서 같은 방법으로 찢어냅니다. 한지는 결이 있어서 좀 더 잘 찢어지는 쪽이 있으므로 그쪽으로 찢도록 이끌어줍니다. 길게 찢은 종이를 다시 세로로 잘게 찢습니다. 색한지 두세 장을 같은 방법으로 찢은 후 바구니에 담아둡니다.

시작해보기

> 색한지는 엄마와 아이가 번갈아가면서 놀이하듯 바구니에서 뽑아보세요. 뽑은 한지의 색깔 이름 맞추기 놀이도 할 수 있어요.

1 시트지의 한쪽 면을 떼어낸 후 모서리에 투명테이프를 붙여서 바닥에 고정시킵니다. 시트지에 색한지와 말린 나뭇잎을 붙입니다.

2 포장지의 금박이 시트지에 붙도록 금은박 포장지를 시트지 전체에 붙였다 떼어냅니다. 그리고 투명한 시트지로 시트지 전체를 다시 한 번 붙여서 완성합니다.

준비물 시트지, 투명시트지, 색한지, 말린 나뭇잎, 금은박 포장지

훌륭한 식탁매트로 손색없겠죠?

 응용해 보아요!

- 예쁘게 꾸민 시트지를 반으로 접고 양옆에 펀치로 구멍을 뚫은 다음 리본이나 털실로 감칠질한 후 손잡이를 달아주면, 나만의 멋진 가방이 만들어져요. 아이에게 간단한 바느질 방법을 가르쳐줄 수도 있답니다.

요령 상자

- 시트지는 검정, 군청, 빨강, 진보라 등 원색을 사용해야 효과가 잘 나타납니다.
- 색 한지와 나뭇잎을 붙일 때는 전체를 너무 꽉 채워 붙이지 말고 여백을 어느 정도 남겨야 금박이 잘 보입니다.
- 꾸민 시트지에 끈끈함이 남게 되므로 꼭 투명시트지를 붙여서 마무리해주세요.

투명한 스테인드글라스 그림

6세 이상

    스테인드글라스 물감은 투명도가 높은 매체여서 비닐이나 유리 같은 곳에 투명하게 그림을 그릴 수 있습니다. 스테인드글라스 물감의 투명도를 활용하여 이미지를 표현해보고 아름다운 색색의 빛을 감상해보세요. 이 놀이를 통해 새로운 표현방법도 배우고, 색이 주는 아름다움을 통해 아이의 풍부한 정서발달도 도울 수 있습니다.

놀이를 시작하기 전에

    색색의 유리로 장식된 성당의 창을 감상해보고, 우리집 창문도 아름다운 색색의 빛이 들어오도록 만들어보면 어떨지 이야기를 나누어봅니다. 스테인드글라스 물감을 조금 짜서 칠해본 후 그림물감과 다른 점을 아이와 함께 찾아보세요. 그런 다음 어떤 무늬를 넣을지 구상해봅니다.

시작해보기

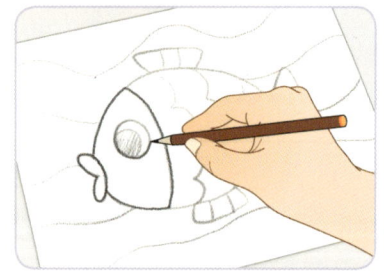 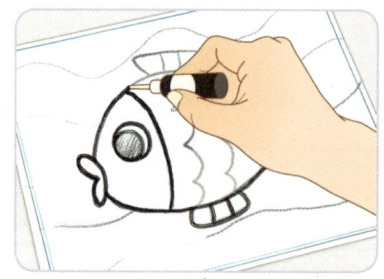 

1 도화지에 물고기의 몸체를 그리고 물결 모양의 배경도 그립니다. 그림이 완성되면 물고기와 배경그림을 몇 개의 면으로 나누는 선을 그립니다.

2 투명 아크릴판을 도화지 위에 얹은 후 검정 스테인드글라스 물감으로 밑그림을 따라 그립니다.

3 밑그림이 마르면 다른 색의 스테인드글라스 물감을 튜브째 짜면서 각 면을 색칠합니다.

| 준비물 | 투명 아크릴판, 스테인드글라스 물감, 도화지, 연필 |

하루 정도 완전히 말리고
창문에 붙이면 완성!
빛이 들어오는 것을 감상해보세요.

▶ 다양한 무늬의 스테인드글라스

📖 응용해 보아요!

- 시중에서 파는 투명 플라스틱 모양 틀을 이용해 스테인드글라스 물감으로 자유롭게 색칠해봅니다. 이때는 밑그림 없이 물감을 겹쳐 칠하거나 점을 찍어서 여러 무늬를 꾸며보고 완전히 말린 후 모빌로 활용해보세요.

요령 상자

- 스테인드글라스 물감은 투명한 재질에는 모두 사용이 가능합니다. 투명 페트병, 투명 접시, 투명 CD케이스, 투명 아크릴판, 투명 OHP 필름 등에 사용해보세요.
- 완성한 작품은 하루 정도 두어야 완전히 마릅니다. 말릴 때 작품이 기울어 있으면 물감이 흐르므로 평평한 곳에 두어 말리세요.
- 아크릴판은 아크릴판용 칼을 이용하면 쉽게 모양을 자를 수 있습니다.
- 물감을 칠할 때 붓을 쓰면 붓이 망가지므로 못 쓰는 붓을 사용하거나 튜브째 조금씩 짜면서 사용하세요.

셀로판지 색깔놀이

색은 빛이 있어야 볼 수 있습니다. 빛을 통해 드러나는 색은 여러 가지 느낌과 감정을 전달합니다. 같은 색이라도 보는 사람에 따라 느낌이 달라지기도 합니다. 셀로판지를 활용한 이번 놀이를 통해 색의 세계에 관심을 가지게 되고, 자신의 감정을 색으로 표현해볼 수 있으며, 색의 혼합과정도 배울 수 있습니다.

놀이를 시작하기 전에

몇 가지 물건을 놓고 노란색 셀로판지로 본 후 물건이 어떻게 보이는지 이야기해봅니다. 다른 색 셀로판지로도 보고 색에 따라서 어떤 느낌이 드는지 말해봅니다. 아이에게 색깔에도 친구가 있음을 알려주세요. 빨강, 노랑, 파랑, 이 세 가지 색이 제일 친한 친구라고 소개하고, 이 친구들이 만나면 새로운 색의 친구가 생기는데 어떤 색이 생기는지 알아보자고 제안합니다.

시작해보기

손코팅지 한쪽 면에 있는 투명 비닐을 떼어내면 접착면이 나와요.

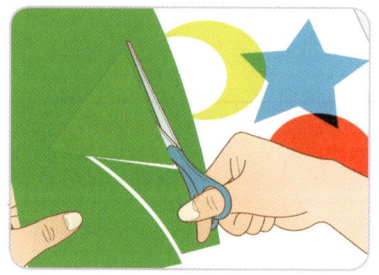

1 셀로판지를 동그라미, 세모, 별, 달 모양 등으로 자릅니다.

2 손코팅지에 잘라낸 셀로판지를 서로 겹치게 붙여서 자유롭게 구성합니다. 손코팅지를 한 장 더 겹쳐 붙여서 완성합니다.

| 준비물 | 손코팅지, 셀로판지, 가위, 풀 |

완성한 작품을 창문에 붙이고, 겹쳐진 부분이 어떤 색으로 변했는지 관찰하여 글로 써봅니다.

 색 팽이 만들기

응용해 보아요!

- 우드락을 동그랗게 자르고 반으로 나누어 각각 다른 색을 칠합니다. 예를 들어 반쪽은 빨강, 반쪽은 노랑으로 색칠합니다. 가운데에 한쪽 끝이 뾰족한 아이스크림 막대를 꽂아서 색 팽이를 만듭니다. 여러 가지 색을 칠해서 다양한 색의 혼합을 감상해보세요.

요령 상자

- 셀로판지는 세 가지 색 이상이 섞이면 탁해지므로 두 가지 색 정도만 겹쳐 붙입니다.
- 먼저 빨강, 노랑, 파랑 삼원색을 중심으로 겹쳐서 혼합된 색을 관찰하고, 다른 색들도 스스로 만들어보게 합니다.

산타의 선물 주머니

산타 할아버지는 상상 속의 인물이지만 아이들에게는 꿈과 상상력을 길러주는 존재이지요. 산타 할아버지에게 받고 싶은 선물을 상상해보면서 지난 1년의 생활을 되돌아보고, 또 아이가 직접 산타가 되어 가족들에게 주고 싶은 선물을 생각해보는 재미있는 놀이입니다.

놀이를 시작하기 전에

산타 할아버지는 어떤 분인지 특징을 알아봅니다. "산타 할아버지의 빨간 주머니에는 무엇이 들어있을까?"와 같은 질문으로 아이의 상상력을 자극해주세요. 그리고 내가 만약 산타 할아버지가 된다면 가족과 친구에게 어떤 선물을 주고 싶은지 이야기해봅니다.

시작해보기

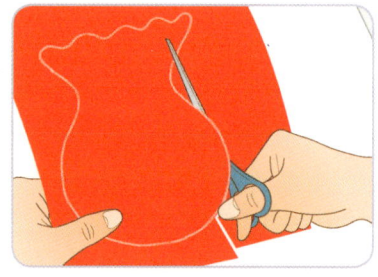

1 빨간색 색지를 산타 할아버지의 선물주머니 모양으로 크게 오립니다.

2 주머니 안에 담고 싶은 선물을 그림으로 그립니다. 아이가 그림 그리기를 어려워하면 잡지에서 찾아 오려붙여도 좋습니다.

준비물 빨간색 색지, 크레파스, 잡지, 가위, 풀, 색종이

산타 할아버지를 색종이로 접어 붙이거나 그림으로 그리고, 완성한 선물주머니를 덧붙여보세요.

 응용해 보아요!

- 성탄은 선물을 받기만 하는 날이 아니라 내가 고마운 사람들에게 선물하는 날이기도 하다는 점을 알려주세요. 가족이나 주변의 고마운 사람들에게 줄 수 있는 작은 선물이나 쿠폰을 만들어 선물해보게 하세요. 다른 사람을 배려하는 아이로 자랄 수 있습니다.

요령 상자

- 산타 할아버지를 직접 그린다면 수염은 솜을 붙여서 입체감 있게 표현할 수 있습니다.
- 선물의 내용이 '안마하기'나 '사랑'처럼 추상적인 경우라면 '안마쿠폰'이나 '하트'처럼 상징하는 그림을 그리게 합니다.

조물조물 내 얼굴 만들기

6세 이상

개념적으로 알고 있는 얼굴이 아니라 내 얼굴을 눈으로 관찰하고 만져보면서 느낀 생동감 있는 얼굴을 표현하는 것이 좋습니다. 점토를 이용하여 양감과 질감을 살려보고, 주무르기, 두드리기, 말기 등 다양한 탐색과정을 통해 소근육을 섬세하게 발달시킬 수 있습니다.

놀이를 시작하기 전에

거울을 보고 내 얼굴을 관찰해보는 시간을 갖습니다. "내 얼굴의 모양은 무엇과 닮았을까?", "눈, 코, 입은 어떤 모양일까?" 자세히 관찰해보고 이야기를 나누어봅니다. 이번에는 눈을 감고 얼굴을 만져봅니다. 어느 부분이 튀어나왔는지 알아보고, 피부의 질감도 느껴봅니다. 이제 큰 감자를 준비하여 깨끗이 닦아 말려두고, 점토는 아이 손 크기만큼 떼어 준 후 주물러보면서 촉감을 느껴보라고 합니다.

시작해보기

손으로 꾹꾹 눌러서 얼굴 모양이 되도록 형태를 만듭니다.

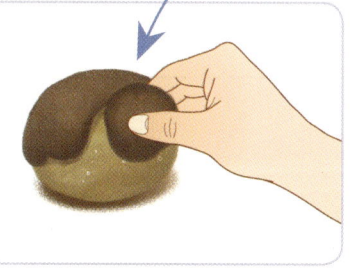 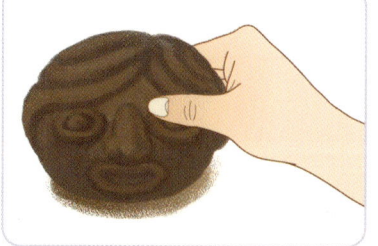

1 점토를 조금씩 떼어 감자에 덧붙입니다. 이때 전체를 싸지 말고 반 정도만 싸주세요.

2 손으로 굴려서 길쭉하게 만든 점토를 잘라붙여서 머리카락을 만들고, 눈, 코, 입 등도 점토를 붙여서 입체감 있게 표현합니다.

준비물 큰 감자, 점토

서늘하고 바람이 잘 통하는 곳에 말립니다.

 응용해 보아요!

- 여러 가지 폐품을 활용해 눈, 코, 입을 표현해보세요. 예를 들어 눈은 병뚜껑, 코는 빨대를, 머리카락은 털실을 사용해볼 수 있습니다.
- 점토가 마르고 나서 물감으로 색칠해도 재미있어요.

요령 상자

- 점토가 어느 정도 마르면 감자를 빼냅니다.
- 점토가 마르면 머리카락이나 눈, 코, 입 부분이 떨어질 수 있습니다. 떨어진 점토는 본드를 이용해 붙입니다.
- 연령대가 낮은 아이는 점토 만지기를 싫어할 수도 있습니다. 그럴 때는 흙점토보다는 지점토를 이용하여 작은 덩어리로 떼어낸 후 손으로 두드려 납작하게 만듭니다.

색으로 표현하는 감정책

유아기에는 자신의 감정을 이해하고 자연스럽게 표현하는 법을 배워야 합니다. 즐거움, 슬픔, 분노 등 자신의 감정을 언어와 미술을 통해 표현해보면서 자신의 감정상태를 알게 되고 자연스럽게 욕구를 해소하며 감정을 절제하는 법을 배웁니다. 사람은 다양한 감정을 느낀다는 사실을 이해하면 다른 사람의 감정을 존중하는 태도도 기를 수 있답니다.

놀이를 시작하기 전에

어떨 때 즐거운지, 슬픈지, 화가 나는지, 아이의 경험을 떠올려가며 이야기를 나누어봅니다. 내 마음을 주제로 동시를 써보아도 좋습니다. 그리고 이런 감정들을 색으로 표현한다면 무슨 색일지 색연필에서 찾아보세요. 감정을 색으로 보여주는 책을 만들어봅시다.

시작해보기

1 4절 크기의 크라프트지를 약 13cm 정도 접어 올리고 4등분 하여 지그재그로 접습니다.

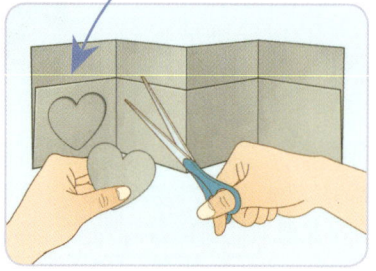

종이를 반으로 접어서 하트를 반만 그리고 오려내면 쉬워요!

2 접어 올린 부분은 각각 하트 모양으로 잘라냅니다. 하트가 총 네 개가 생깁니다.

3 하트 안에 자신의 감정과 함께 떠오르는 색을 색연필로 색칠하고 색의 이름을 써넣습니다.

책갈피에 내 마음 상태를 한 가지씩 적습니다.

4 크라프트 보드를 책갈피 모양으로 자르고 펀치로 구멍을 뚫은 다음 리본을 끼웁니다. 완성한 책갈피는 감정 주머니 안에 넣습니다.

5 홀지를 잘라 표지 앞, 뒤에 붙여 장식하고 색지로 하트 모양을 오려붙입니다.

준비물   4절 크기의 크라프트지, 리본끈, 크라프트 보드, 홀지, 색지, 색연필, 가위

 응용해 보아요!

- 맛있는 과일도 여러 가지 색이 있습니다. 과일을 이용하여 각각의 색을 인지할 수 있는 색깔책을 만들어보세요. 책갈피에 색 이름을 쓰고 주머니 속에는 그 색에 해당하는 과일을 그림으로 그려넣게 합니다. 그림 그리기를 어려워하는 아이는 잡지에서 그 색을 가진 사물을 찾아 오려붙여도 좋습니다.

요령 상자

- 감정은 아이에게는 추상적인 주제이므로 내 마음을 주제로 하여 아이의 경험을 충분히 이끌어낸 후에 놀이하는 것이 효과적입니다.

지그재그 만국기책

6세 이상

세계 여러 나라를 탐구하는 시간은 아이들의 시각을 넓힐 좋은 기회입니다. 나라마다 상징하는 국기가 있음을 알고 찾아보면서 나라 이름도 자연스럽게 익힐 수 있지요. 먼저 우리나라의 국기인 태극기의 모양과 색에 대해 알아보고, 다른 나라의 국기와 나라 이름을 조사하여 글과 그림으로 표현한 책을 만들어봅니다.

놀이를 시작하기 전에

태극기를 보여주고 나라마다 상징하는 국기가 있음을 알려줍니다. 태극기를 따라 그려보면서 특징을 찾아봅니다. 다른 나라의 재미있는 국기 모양도 뽑아보고, 태극기를 포함해 아이가 관심 있어 하는 나라의 국기와 나라 이름을 담은 책을 만들어봅니다.

시작해보기

1 도화지에 각 나라의 국기를 13x10cm 정도 크기로 그리고, 같은 크기의 색지에 나라 이름을 씁니다.

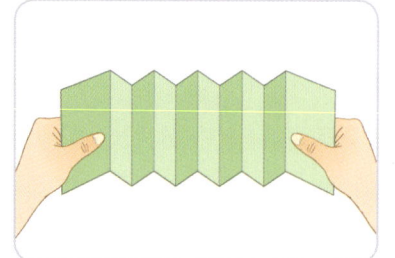

2 머메이드지를 국기 그림의 가로 길이인 13cm만큼 양쪽 끝을 접고 가운데 남은 부분은 8등분 하여 지그재그 모양으로 접습니다.

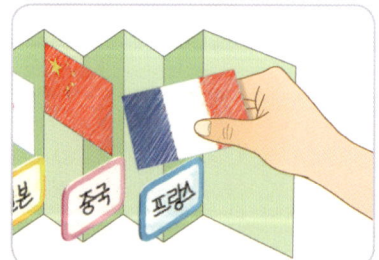

3 국기 그림을 8등분 하여 접은 1, 3, 5, 7쪽에 붙입니다. 나라 이름을 쓴 색지는 2, 4, 6, 8쪽에 붙여서 엇갈리는 모양으로 만듭니다.

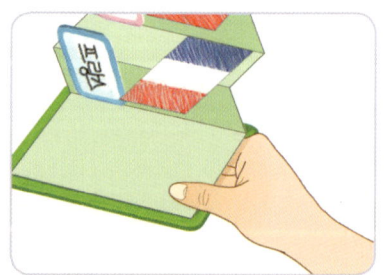

4 책 크기보다 사방 3mm 더 크게 자른 하드보드지 두 장을 표지종이로 쌉니다. 책의 앞뒤에 각각 붙여서 앞표지, 뒤표지를 만들고, 책 제목을 쓴 색지를 오려붙입니다.

준비물 4절 크기의 머메이드지 길게 2등분한 것, 하드보드지, 표지종이, 색지, 도화지, 가위, 풀, 색연필, 국기 자료

국기를 이용하여 나라 이름 맞히기 놀이를 해보아요.

 응용해 보아요!

- 만국기책과 같은 형태를 플래그북(Flag book)이라고 합니다. 깃발처럼 날리는 형태를 말하는데, 색지는 2단, 3단, 4단으로도 붙일 수 있습니다. 색지에 국기, 국명, 수도 등을 정리하여 3단 플래그북을 만들어보세요.

요령 상자

- 국기는 너무 어렵지 않은 쉬운 모양을 선택합니다.
- 국기를 그리기 어려워하는 아이는 국기 사진을 직접 붙여도 좋습니다.
- 글쓰기에 서투른 아이는 다른 종이에 나라 이름을 써주고 따라 써보게 하거나 신문이나 잡지에서 글자를 오려붙이게 합니다.

자유롭게 물감 뿌리기

> 4세 이상

잭슨 폴록은 물감을 떨어뜨리거나 흩뿌리는 액션 페인팅 작업으로 유명한 화가입니다. 잭슨 폴록의 작품을 보고 어떤 생각이 떠오르는지, 그림이 무엇을 연상하게 하는지 등에 대하여 이야기해보고, 물감을 자유롭게 떨어뜨려보면서 표현의 즐거움을 느껴봅니다.

놀이를 시작하기 전에

엄마는 물감에 물을 충분히 섞은 물감물을 만들어서 물약병에 색깔별로 담아놓습니다. 아이와 함께 잭슨 폴록의 작품을 보면서 이야기를 나누어보고, 신나는 음악을 틀어놓고 잭슨 폴록이 되어 재미있는 물감 뿌리기 놀이를 해보자고 합니다.

시작해보기

1 도화지 전지의 가장자리 4면을 5cm 정도 접어 올립니다.

다양한 색깔로 자유롭게 뿌려보세요.

2 물약병에 들어 있는 물감을 도화지에 떨어뜨려보기도 하고 뿌려보기도 합니다. 단, 종이 밖으로 물감이 나가지 않도록 주의하세요.

준비물 도화지 전지, 그림물감, 물약병

뿌려진 모양을 보고
원작과 비교하여
감상해봅시다.

▶ 잭슨 폴락의 '작품 No. 31'

 응용해 보아요!

- 주황, 갈색, 노랑, 빨강 등의 색깔로 물감 뿌리기 놀이를 한 후 잘 말립니다. 마른 종이를 나뭇잎 모양으로 잘라 붙여서 가을 단풍나무를 꾸며보세요.

요령 상자

- 아이들이 물감을 뿌리는 것이 쉽지 않을 수 있습니다. 팔을 이리저리 흔들어 뿌릴 수 있도록 엄마가 시범을 보여주세요. 물약병의 입구를 조절하여 물감이 잘 나오도록 합니다.

생각하는 사람 따라잡기

5세 이상

조각작품은 회화와는 달리 살아있는 듯한 입체감이 느껴집니다. 로댕의 〈생각하는 사람〉을 감상하면서 사람을 입체적으로 표현하는 방법을 배워보고 직접 조각 작품을 만들어봅니다. 조각작품을 보고 작가가 왜 이렇게 표현했는지, 또 이 사람은 무슨 생각을 하고 있는지 등을 이야기해보면서 아이들이 마음속 생각을 자연스럽게 드러낼 수 있게 해보세요.

놀이를 시작하기 전에

로댕의 〈생각하는 사람〉을 보고 포즈를 똑같이 흉내 내어봅니다. 또, 이 사람은 무엇을 생각하고 있는지 상상하여 이야기해봅니다. 작품을 무엇으로 만들었는지 알아보고 팔, 다리 등의 관절 표현을 관찰해보세요. 아이에게 조각 작품을 만들어보자고 하고, 어떤 사람을 만들고 싶은지 아이가 직접 포즈를 취해보게 합니다.

시작해보기

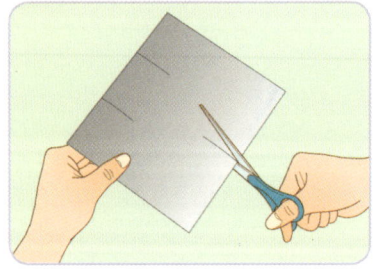

1 쿠킹호일을 30cm 길이로 자른 뒤 위쪽은 3등분, 아래쪽은 2등분 하여 가로로 자릅니다.

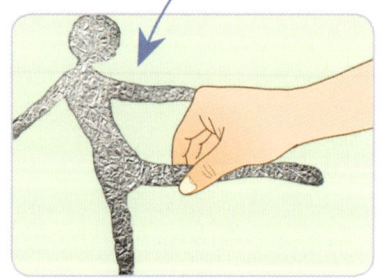

호일 조각을 이용하여 옷이나 머리카락, 장식물 등을 만들어 붙입니다.

2 쿠킹호일의 가운데 부분을 구겨 허리 부분을 만들고, 2등분 한 부분을 구겨서 다리를 만듭니다. 3등분 한 윗부분도 구겨서 팔과 머리를 만듭니다.

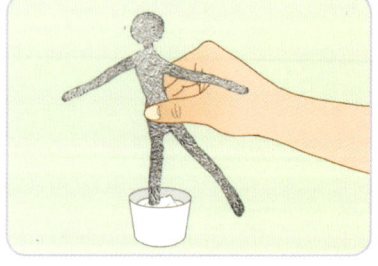

3 종이컵을 반 정도 잘라내고 반죽한 석고를 컵에 붓습니다. 완성한 호일 조각 작품을 컵에 꽂고 석고가 굳을 때까지 잡고 기다립니다. 석고가 마르면 종이컵을 찢어냅니다.

| 준비물 | 쿠킹호일, 가위, 종이컵, 석고가루, 반죽그릇, 나무젓가락 |

작품을 감상해보고 제목을 붙여보세요.

➡ 로댕의 '생각하는 사람'

 응용해 보아요!

- 조각 작품은 점토로도 만들 수 있습니다. 대리석으로 된 조각 작품을 감상하고 지점토를 이용해 표현해봅니다. 점토로 만든 조각 작품은 세우기가 쉽지 않으므로 크기를 작게 만들거나 이쑤시개를 뼈대로 활용하여 만듭니다.

요령 상자

- 쿠킹호일은 잘 구겨져서 아이들도 쉽게 만들 수 있습니다. 단, 잘 찢어지기도 하므로 넉넉히 준비합니다.
- 가위로 자를 부분을 미리 쿠킹호일에 유성매직으로 그려놓으면 아이가 쉽게 자를 수 있습니다.
- 몸통부터 구겨야 찢어지지 않습니다.
- 손으로 구길 때 "쭉쭉" 소리를 내면서 구기면 청각에 자극을 주며 더 즐거운 놀이가 됩니다.

트로피 만들기

상장을 받는 것은 누구에게나 기분 좋은 일입니다. 특히 아이에게는 상을 받는 것이 긍정적인 행동을 강화하는 역할을 합니다. 종이로 된 상장 대신 트로피를 만들어보는데, 아이 자신을 격려하는 트로피를 만들어도 좋고, 가족에게 감사의 마음을 전하는 트로피를 만들어도 좋습니다. 가족을 생각하며 만든 트로피는 아이가 작은 일에도 감사하는 마음을 가질 수 있도록 도와줍니다.

놀이를 시작하기 전에

트로피가 무엇인지 알아보고 어떨 때 트로피를 받는지, 또는 주는지 이야기해봅니다. 내가 트로피를 받는다면 어떤 상으로 받고 싶은지, 엄마에게 상을 드린다면 어떤 상을 드리고 싶은지 생각해봅니다. 예를 들어, 혼자서도 밥을 잘 먹는 나에게 트로피를 줄 수 있겠지요.

시작해보기

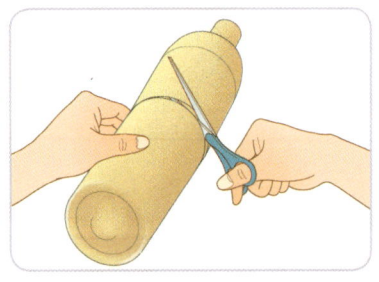

1 금색 래커를 뿌려서 말려둔 페트병을 반으로 자릅니다. 밑면보다 윗면(입구 부분)이 더 길어야 합니다.

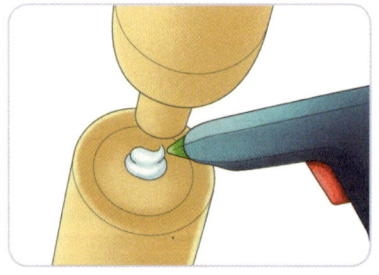

2 밑면을 뒤집고 그 위에 용기의 입구 부분을 글루건으로 붙입니다.

3 모루를 손잡이 모양으로 구부려 붙이거나 앞면에 붙여서 장식합니다. 리본을 달고 색지를 네모 모양으로 잘라 트로피 밑면에 붙입니다.

준비물 페트병, 금색 래커, 모루, 리본, 색지, 글루건

상의 이름을 정해서 색지에 쓰면 트로피 완성!

 응용해 보아요!

- 페트병의 밑면을 적당한 길이로 자르면 컵을 만들 수 있습니다. 손잡이는 페트병의 일부분을 잘라붙여도 되고, 또는 색깔 있는 철사나 모루 등을 이용하여 만들어 붙여도 됩니다.

요령 상자

- 페트병은 작은 병을 이용해야 아이들이 다루기 쉽습니다.
- 금색 래커는 하루 전에 뿌려서 말리되 공기가 잘 통하는 곳에서 뿌려야 합니다.
- 글루건은 화상 위험이 있으므로 아이가 직접 사용하지 않도록 유의합니다.

동물 가면 만들기

6세 이상

유아기는 동물에 관심이 많은 시기입니다. 쇼핑백을 이용하여 동물 가면을 만들면서 동물 이름과 특징에 대하여 배울 수 있습니다. 동물 가면을 쓰고 동물의 소리와 움직임을 몸으로 표현하는 놀이를 해보세요. 아이들은 동물 가면 놀이에 잘 집중하는데, 자신의 생각을 동물에 투사하는 경우가 많으므로 엄마는 아이의 생각과 감정을 자연스럽게 알 수 있습니다.

놀이를 시작하기 전에

쇼핑백을 이용하여 내가 제일 좋아하는 동물 가면을 만들어보면 어떨지 이야기를 나누어봅니다. 그리고 어떤 동물을 제일 좋아하는지 동물의 특징을 알아봅니다.

시작해보기

1 코끼리 귀 모양으로 오린 색지를 쇼핑백 양쪽에 붙이고, 코끼리 코는 색지를 길게 오린 후 끝에서부터 지그재그로 접어 붙입니다.

2 색지를 동그랗게 오려 눈을 표현하고 구멍을 뚫어줍니다.

| 준비물 | 쇼핑백, 색지, 가위, 딱풀 |

완성한 가면을 쓰고 동물의 소리와 움직임을 흉내 내어 보면서 놀이에 활용합니다.

 응용해 보아요!

- 커다란 쇼핑백으로 옷을 만들어봅니다. 쇼핑백의 바닥면과 옆면을 동그랗게 뚫고 가운데를 가위로 잘라서 조끼처럼 입을 수 있게 만들어보세요. 색볼, 색종이, 스팡클, 리본, 신문지 등으로 예쁘게 꾸며서 나만의 옷을 디자인합니다.

요령 상자

- 쇼핑백은 너무 화려한 무늬가 있는 것보다 단색이나 간단한 무늬로 된 것을 사용합니다.
- 눈의 위치를 잘 뚫어주고 쇼핑백이 너무 작으면 숨쉬기가 어려울 수 있으므로 조금 넉넉한 크기를 준비합니다.

볼링 놀잇감 만들기

4세 이상

아이들은 직접 만든 놀잇감을 기성제품보다 더 좋아합니다. 자신의 생각대로 만들 수 있어 아이들의 눈높이에 맞는 세상에 하나밖에 없는 놀잇감이기 때문입니다. 아이들은 스스로 만든 놀잇감을 가지고 놀면서 놀이의 규칙을 만들어보기도 하고 놀이를 하면서 서로를 배려하는 마음도 기를 수 있습니다.

놀이를 시작하기 전에

볼링이 어떤 놀이인지 먼저 알아봅니다. 그런 다음 500ml짜리 페트병을 6~8개 모아두고 색색의 볼링핀을 만들어보자고 제안합니다.

시작해보기

1 아크릴 물감을 스펀지에 묻혀서 페트병에 콕콕 찍는 방식으로 색칠합니다.

2 물감이 다 마르면 다른 색 물감을 면봉에 묻혀 점을 찍어 꾸며줍니다. 다양한 선이나 그림을 그려서 장식해도 좋습니다.

3 신문지를 구겨서 동그랗게 만들고 쿠킹호일로 싸서 볼링공을 만듭니다.

준비물 페트병, 아크릴 물감, 면봉, 스펀지, 신문지, 쿠킹호일

볼링놀이에 필요한 규칙을 함께 만들고, 가족이나 친구와 팀을 나누어 볼링놀이를 해봅니다.

응용해 보아요!

- 페트병 안에 쌀이나 콩과 같은 재료를 넣어보세요. 마라카스를 만들 수 있습니다.
- 페트병 안에 콩을 넣고 볼링놀이를 하면 용기가 넘어지면서 나는 소리에 아이가 더 즐거워한답니다.

요령 상자

- 페트병은 아크릴 물감뿐 아니라 유성매직, 시트지 등으로도 꾸밀 수 있습니다.

CD케이스로 만드는 가족 액자

구하기 쉬운 재료인 CD케이스로 가족사진을 담은 액자를 만들어보는 이 놀이는 어버이날을 앞두고 해보기에 좋은 미술놀이입니다. 어버이날이 아니더라도, 엄마, 아빠에게 드리는 선물로 만들어도 좋겠지요. 가족 액자를 만들면서 가족의 의미와 소중함을 생각해볼 수 있는 놀이입니다.

놀이를 시작하기 전에

"아빠의 별명은 무엇일까?", "엄마가 제일 좋아하는 것은 무엇일까?"와 같이 가족에 대한 간단한 퀴즈 놀이를 해봅니다. 가족에 대해 생각해본 다음, 엄마, 아빠와 함께 가장 즐거웠던 장면을 담은 사진을 한 장 고르고 가족 액자를 만들어봅니다.

시작해보기

 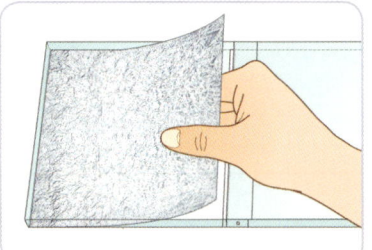 

엄마, 아빠에게 전하고 싶은 말을 사진 밑에 사인펜으로 써넣습니다.

1 CD케이스 겉에 유성매직으로 그림을 그리거나 무늬를 넣어 장식을 합니다.

2 CD케이스를 열고, 바깥쪽으로 그림이 그려진 왼쪽 면에 호일을 양면테이프를 이용해 붙이고 스팡클로 장식합니다.

3 오른쪽 면에는 색종이를 CD케이스 크기에 맞게 붙입니다. 다른 색종이로 꽃 모양이나 하트 모양을 오려서 붙이고 그 위에 가족사진을 붙입니다.

| 준비물 | 가족사진, 투명CD케이스, 쿠킹호일, 스팡클, 색종이, 사인펜, 유성매직, 양면테이프 |

엄마, 아빠에게 선물해보아요.

▶ CD로 만든 액자

 응용해 보아요!

- 버리는 CD를 활용하여 멋진 액자를 만들 수 있습니다. CD 가운데에 사진을 붙이고 가장 자리를 색점토로 길게 말아 붙여서 액자 틀을 만듭니다. 동그란 CD 모양을 활용하여 달팽이나 꽃 등을 표현해도 좋습니다.

요령 상자

- CD케이스 표지는 색종이로 카네이션을 접어서 붙여도 좋습니다.

팝업 성탄카드

성탄카드를 좀 더 재미있게 만들어볼까요? 팝업을 이용하면 입체적이면서 사실감 있는 카드를 만들 수 있습니다. 팝업은 아이들에게 공간감을 길러줄 뿐 아니라 완성된 카드는 호기심을 불러 일으킵니다. 단, 너무 어려운 팝업기법보다는 잘라서 접어넣는 것과 같이 간단한 방법으로 표현해보게 하여 흥미를 갖게 하는 것이 좋습니다. 아이들은 팝업을 만들면서 나름대로 여러 가지 방법을 고안하기도 하는데 이러한 과정을 통해 창의성도 길러줄 뿐 아니라 아이들의 표현욕구도 자연스럽게 만족시켜줄 수 있습니다.

놀이를 시작하기 전에

간단한 팝업책을 보여주고 이미지를 어떻게 입체적으로 표현했는지 이야기를 나누어봅니다. 성탄카드를 팝업으로 만들자고 하고, 먼저 '성탄' 하면 떠오르는 이미지를 이야기해봅니다. 예를 들면, 산타, 트리, 천사, 선물 등이 있겠지요. 생각한 이미지로 팝업을 만드는 과정을 보여주고 복사지 등으로 미리 만들어보게 하여 팝업의 원리를 이해시킵니다.

시작해보기

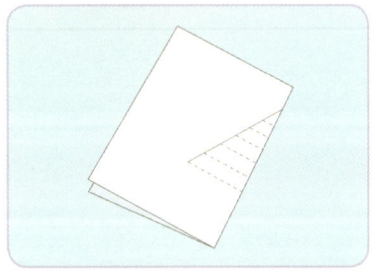  

1 흰 종이를 반으로 접은 다음 접은 면에 삼각형 반쪽을 그립니다. 반쪽 모양의 삼각형에 1cm 두께로 가윗집을 냅니다.

2 종이를 펼치고 가윗집을 하나 건너 하나씩 앞으로 잡아당겨 입체적인 트리 팝업을 만듭니다. 색연필로 트리를 색칠하고 스팡클을 붙여서 장식합니다.

3 1과 같은 방법으로 트리 밑에 네모 모양의 팝업을 만들어 화분을 표현합니다. 트리 밑에 선물을 그려넣고 감사의 글을 적습니다.

| 준비물 | 색지, 색종이, 리본, 단추, 장식스티커, 색연필, 스팡클 |

카드 표지는 자유롭게 꾸미고 간단한 종이 접기 등을 활용해도 좋습니다.

 응용해 보아요!

- 카드에 아이사진이나 가족사진을 넣어서 액자로도 활용할 수 있습니다.
- 카드 모양을 네모 모양만이 아니라 동그라미, 신발, 트리 등 다양한 모양으로 만들어보세요.

요령 상자

- 삼각형이 카드 밖으로 튀어나오지 않게 하려면 페이지의 절반을 넘지 않거나 삼각형의 각도가 45도를 넘지 않도록 합니다.
- 카드 종이는 조금 두꺼운 종이를 사용합니다.

학습자료

내가 그린 모나리자 (46쪽)

풍속화 다시 구성하기(132쪽)

학습자료

※ 학습자료는 복사해서 사용하세요.

풍속화 다시 구성하기(132쪽)

연령별 미술놀이

4세 이상

- 스탬프 찍기로 달팽이 표현하기 20
- 물고기 나뭇잎 콜라주 28
- 쿠킹호일 미술놀이 30
- 잠자리 가족 물풀 그림 38
- 휴지심 강아지 만들기 58
- 과자로 꽃밭 그리기 62
- 밀가루 반죽 엄마 그림 66
- 신기한 소금 그림 70
- 조물조물 점토 색칠놀이 82
- 야채 조형놀이 94
- 딸기가 좋아 106
- 반짝반짝 야광 그림 120
- 우리집 냉장고 122
- 몬드리안처럼 그려요 130
- 신기한 알콜 그림 150
- 단풍나무 만들기 162
- 옷걸이 나비 만들기 180
- 우산 꾸미기 194
- 아낌없이 주는 나무 196
- 셀로판지 색깔놀이 204
- 자유롭게 물감 뿌리기 214
- 볼링 놀잇감 만들기 222

5세 이상

- 지문 곤충 그리기 22
- 봄의 색을 찾아라 24
- 멸치 오브제 34
- 내가 그린 모나리자 46
- 계란판 코스모스 50
- 넥타이와 양말의 변신 52
- 물고기 자동차 56
- 내가 만든 종이 64
- 내 친구 눈사람 74
- 한지 구성 놀이 80
- 나의 몸책 86
- 달콤한 물엿 그림 88
- 꼬마 북 만들기 92
- 투명 물고기 만들기 100
- 콕콕콕 호일접시 그림 108
- 동물 연상 스텐실 114
- 알록달록 피자책 126
- 사물 연상 도형책 128
- 나만의 어항 꾸미기 134
- 움직이는 곤충 만들기 136
- 내 이름 꾸미기 154
- 색칠하면 나타나는 비밀 그림 156
- 내 수영복이에요 158
- 크레파스 먹지로 그린 그림 164
- 재미있는 별자리책 168
- 민화 속 물고기 172
- 과일 모양 선글라스 178
- 신비한 우주 꾸미기 184
- 아빠 넥타이 염색 188
- 우리 가족 커플티 192
- 립스틱 그림 198
- 식탁매트 꾸미기 200
- 산타의 선물 주머니 206
- 생각하는 사람 따라잡기 216
- 트로피 만들기 218

연령별 미술놀이

6~7세 이상

- 상상 동물 꾸미기 26
- 상상 그림을 담은 연 만들기 32
- 에어캡을 활용한 눈 오는 풍경 36
- 점토판화 성탄카드 40
- 동물원 팝업책 42
- 하늘, 땅, 바다 모빌책 44
- 과일 그림 표현하기 48
- 상상 속 외계인 만들기 54
- 먹물불기 놀이 68
- 우유팩에 그린 사계절 72
- 사포 직조 그림 76
- 계란껍데기 콜라주 78
- 맛있는 과일책 84
- 부직포 점묘화 90
- 석고 손뜨기 96
- 우유팩으로 배 만들기 98
- 도형 색종이로 새 꾸미기 104
- 아이스크림 막대 그림판 110
- 물고기 뱃속 탐험 112
- 포장박스 그림 116
- 입체그림 그리기 118
- 먹고 싶은 한과 만들기 124
- 풍속화 다시 구성하기 132
- 성탄 리스 만들기 138
- 내가 만든 손목시계 140
- 상자 조형놀이 142
- 오징어 관찰 그림 146
- 마블링 그림 148
- 고추잠자리 데칼코마니 152
- 조개껍데기 색칠놀이 160
- 겨울 풍경 만들기 166
- 관찰일기를 담은 꽃책 170
- 전통 부채 만들기 174
- 삐뽀삐뽀 소방차 만들기 176
- 동물원 만들기 182
- 내 몸 그림 190
- 투명한 스테인드글라스 그림 202
- 조물조물 내 얼굴 만들기 208
- 색으로 표현하는 감정책 210
- 지그재그 만국기책 212
- 동물 가면 만들기 220
- CD케이스로 만드는 가족 액자 224
- 팝업 성탄카드 226

참고문헌

1. 심재영(1999). 『영유아미술활동』, 창지사
2. 박정아(2004). 『연간 미술교육프로그램에 의한 유아미술지도』, 창지사
3. 박정아 · 안미정(2006). 『생각이 자라는 즐거운 책만들기』, 예경
4. 한국아동미술교사연수원. www.artedu.net
5. 즐거운책만들기교실. www.kidsbookart.com